JACARANDÁS EM FLOR

Maria Christina Lins do Rego Veras

JACARANDÁS EM FLOR

JOSÉ OLYMPIO
EDITORA

© *Maria Christina Lins do Rego Veras*

Reservam-se os direitos desta edição à
EDITORA JOSÉ OLYMPIO LTDA.
Rua Argentina, 171 – 3º andar – São Cristóvão
20921-380 – Rio de Janeiro, RJ – República Federativa do Brasil
Tel.: (21) 2585-2060
Printed in Brazil / Impresso no Brasil

Atendimento e venda direta ao leitor
mdireto@record.com.br
Tel.: (21) 2585-2060

ISBN 978-85-03-01080-1

Capa: VICTOR BURTON
Diagramação: EDITORIARTE

Texto revisado segundo o novo Acordo Ortográfico da Língua Portuguesa.

CIP-BRASIL. CATALOGAÇÃO NA FONTE
SINDICATO NACIONAL DOS EDITORES DE LIVROS, RJ

V584j	Veras, Maria Christina Lins do Rego Jacarandás em flor / Maria Christina Lins do Rego Veras. – Rio de Janeiro : José Olympio, 2010.
	ISBN 978-85-03-01080-1
	1. Conto brasileiro. I. Título.

10-3328.   CDD: 869.93
                                           CDU: 821.134.3(81)-3

aos meus filhos Adriana, Valéria e José

Sumário

AS CASAS E UM APARELHO 9
    A casa e o piano   11
    A casa Garzon 10   16
    A casa de Laranjeiras   23

CARTAS DE UM VIAJANTE APAIXONADO 31

ELAS 61
    Maria Luísa   63
    Zuleika   81
    A moça de branco   85
    Sílvia   90
    Benedita   100
    Luiza   103
    A putinha da rua Alice   106
    A deusa   110
    Lisete   113
    Lúcia   119
    Suzana   125
    Zefa   131

PELO MUNDO 145

Universo afro-brasileiro 147
Existe uma África dentro de nós 149
O mercado de Nairóbi 153

Bucareste 157
O verão e o cheiro de Bucareste 159
Na memória 164
Saudades 167

Grécia 171
Mikonos 173
Grécia e ícone 181

Quênia 187
Quênia 189
Os meus jacarandás 191
Quênia 2 193
Out of Africa 195

Sobre a autora 199

AS CASAS E UM APARELHO

A casa e o piano

Meu pai resolveu mudar-se de bairro logo após a morte de nossa mãe. Não podia suportar o vazio, sua falta que naquela casa trazia tantas recordações. Esquecera da nossa existência, do nosso sofrimento e, como um louco, tentava apagar qualquer vestígio que lhe trouxesse alguma lembrança; não queria manter uma nota sequer do seu passado. Contratou uma governanta poliglota, entregou-lhe os filhos, a direção da casa — depois tratou de encontrar uma residência grande, com muitas salas e quartos onde pudesse nos instalar, e se isolar ao mesmo tempo. Conseguiu uma chácara arborizada na rua das Laranjeiras, como havia idealizado. Gostava de espaço, sossego e, sendo assim, escolheu logo o seu hábitat no porão. Colocou seus livros, instalou-se por lá definitivamente, só subindo raramente para fazer as refeições. Ele nos achava barulhentas e dizia que precisava de silêncio, de muita paz para trabalhar. Essa era a desculpa que nos dava.

As mangueiras da chácara eram imensas, a mata ficava bem atrás da nossa casa — era bastante comum ver pássaros, tucanos, preguiças e muitos macaquinhos, que tentavam entrar em nossos quartos. Nos primeiros dias, só se escutavam as ordens da governanta distribuindo os móveis, arrumando a nossa roupa, administrando a casa com os novos empregados. Até os empregados meu pai quis que fossem substituídos. Procurava cortar o passado e, se pudesse, nos teria mandado para muito longe, mas não teve coragem. Quando tudo estava no devido lugar, nos deixaram em paz. Só aí nos foi possível tomar conhecimento de nossos vizinhos. Chácaras imensas, casas centenárias, mangueiras, mata fechada, era tudo que víamos ao redor. Além do cantar variado dos pássaros, das cigarras, quando chegava o calor, ouvíamos, todas as tardes, o som de um piano que nos trazia valsas, mazurcas, prelúdios. Sempre na mesma hora nos chegavam aquelas músicas. Ficávamos na janela quase hipnotizadas pelas melodias que entravam pela casa. Afinal, acabamos descobrindo de onde vinha a música: da residência de um casal de velhos, apenas não sabíamos quem era o pianista.

Começamos a observar os hábitos dos nossos vizinhos. A senhora, acompanhada do jardineiro, saía sempre na mesma hora para uma visita ao roseiral. Protegia-se do sol com uma sombrinha de tecido colorido, luvas, e levava uma cesta ovalada. Ia cortando uma rosa ali, outra acolá, e depois, quando já estava com um ramo grande, voltava quase se arrastando, naquele passo pequeno, amparada pelo velho jardineiro. Indiferente, mal olhava para o jardim. Fazia aquele passeio todos os dias. Curiosas, resolvemos pular a cerca dos fundos sem que o jardineiro percebesse. Olhávamos pelas janelas, víamos sempre aquele velhinho todo de preto, sentado na sala de jantar jogando cartas. A senhora, quando não estava tricotando, se metia na cozinha a dor ordens, ou arrumar as flores que colhia do jardim. Como não tínhamos muito o que fazer, começamos a bisbilhotar a vida desses vizinhos. Ficávamos curiosas para saber quem seria o misterioso pianista. A essa altura, já fazíamos mil conjecturas. Um romance que dava para encher páginas e páginas. Quando começava o concerto, sempre às seis horas, era impossível escapar, nossa governanta estava ali ao nosso lado, nos fazendo companhia e, juntas, nos deliciávamos com os diferentes repertórios. Nosso pai continuava cada vez mais recluso, mal falava conosco. Éramos órfãs de pai e mãe. O destino foi cruel ao levar nossa mãe tão jovem, morrera de pneumonia galopante. Sentíamos muito a sua falta, o seu carinho, os cuidados e o amor que nos dedicava. Ele vivia para a família, mas a sua reação foi drástica, praticamente enlouquecera. Com o passar dos meses já não subia mais para jantar. Miss Mary, nossa governanta, era a única pessoa que podia descer ao porão para fazer a limpeza, levar sua comida.

Um dia resolvemos que uma de nós iria escapar na hora do concerto para descobrir quem seria o misterioso pianista. Estávamos curiosas. Luiza foi a escolhida, seria nossa espiã. Quando Miss Mary saiu da sala, Luiza escapuliu munida de uma vela. Com todo o cuidado e sem fazer barulho, Luiza pulou a cerca. Quando minutos depois voltou, estava pálida, quase desfalecida e nos contou com detalhes o que vira — como da janela não dava para ver o piano, teve coragem, e seguindo nossos planos, de entrar pela cozinha. Pé ante pé, foi até a porta que dava para a sala. Quando viu os velhos sentadinhos, um ao lado do outro, mãos dadas, escutando o piano que tocava sozinho, quase desmaiou. Teve certeza que se tratava de um fantasma, seria o filho dos velhos? Nem sabe como teve forças para voltar. Luiza mal tinha voz para nos contar o sucedido. Escutávamos a música que ainda entrava pela janela; parecia, agora, que tomava um vulto diferente. Foi uma noite terrível aquela. Sem que Miss Mary se desse conta, ficamos as três deitadas, apavoradas, na mesma cama. Deixamos de frequentar o jardim e, quando o piano tocava, procurávamos nos refugiar dentro do quarto, bem longe das janelas que davam para a casa dos vizinhos.

Um dia aconteceu que meu pai subira para almoçar e estranhamos vê-lo de banho tomado, barba feita, cheirando à água de lavanda, vestido com um bonito fato. Era um outro homem. Foi uma surpresa quando nos dirigiu a palavra, nos fazendo perguntas, como se nada tivesse acontecido. Ficamos atordoadas com a mudança, as atitudes; nem sabíamos o que responder. Meu pai pedira à governante que chamasse Benedito, o cocheiro, para atrelar os cavalos, iria sair. Esperava que estivesse tudo em ordem. Os empregados foram correndo chamar Benedito, que adquirira o hábito de colocar arapucas pelo sítio, atrás dos passarinhos. Demorou, mas em meia hora Benedito, apareceu com o coche na porta. Os cavalos não estavam nada tratados, os arreios não brilhavam e Benedito, andrajoso e sem saber o que dizer, abriu-lhe a portinhola. Minhas irmãs, Miss Mary, empregados, todos na porta olhávamos admirados meu pai, que dava ordens a Benedito seguir para o centro, tinha algo importante para fazer.

Do seu refúgio, meu pai percebia, pela pequena janela que dava para o jardim, o interesse das filhas pelos vizinhos, e quando, ao anoitecer, viu Luiza correndo apavorada com a vela na mão, resolveu tomar uma atitude. Cheio de remorso, logo chegou à conclusão, junto com o relatório diário de Miss Mary, sobre o que estava acontecendo. Afastadas, mal sabíamos que papai nos acompanhava de tão perto.

No dia seguinte, para nossa surpresa, ele já estava sentado na sala de jantar, lendo o jornal, esperando para tomarmos o café da manhã como não fazíamos há muito tempo.

— Luiza, Rita, Solange — foi logo dizendo —, tenho uma surpresa para vocês ali na sala de estar. Meninas, nada de correrias, fiquem calmas, vamos devagar.

Havia combinado com Miss Mary: assim que nos dirigíssemos para a sala de estar, que colocasse a pianola para funcionar. Ficamos assombradas, surpresas, maravilhadas em ver o piano que tocava sozinho.

A casa Garzon 10

Durante anos o Garzon 10 foi a minha referência de equilíbrio na vida. Quando morava em Milão, nos anos 70, na medalha do meu cachorro tinha gravado o endereço do Garzon 10. Um absurdo, pobre Argos, caso se perdesse ficaria vagando sem dono pelas ruas. Como eu viajava sempre, morando em diferentes países, precisei a vida toda ter o meu ponto de referência e, era no Garzon que o colocava. Meus pais nos influenciaram muito, cultivando e cultuando nossa casa. Quando meu pai voltava de suas viagens, sempre dizia:

— Boa romaria faz quem em sua casa fica em paz (logo ele que adorava tanto viajar).

Meus pais compraram um terreno na rua General Garzon com o dinheiro que sobrara da venda dos engenhos. Minha mãe, uma ótima cabeça, quando viu que o dinheiro estava acabando, resolveu que era hora de terem a casa própria. Escolheram um terreno no Jardim Botânico, bem pertinho da lagoa Rodrigo de Freitas. Tarquínio de Souza, amigo de meu pai, indicou o arquiteto, seu sobrinho, que fez um projeto excelente, aproveitando ao máximo todo o terreno. Lembro-me vagamente das nossas visitas semanais à casa em construção. Voltava imaginando meu quarto, fazendo projetos audaciosos e sonhando com a probabilidade de transformar o escritório de meu pai numa sala de cinema. O Garzon já começava a crescer em meus sonhos. Finalmente chegou o dia de festejarem a cumeeira. Colocaram na mesa enorme do marceneiro, que ficava na sala principal, garrafas de cerveja, copos de papel, salame, pão e outras comidas, e chamaram os operários para a comemoração. Foi a primeira festa do Garzon. Meus pais se sentiam realizados. A nossa casa tinha virado para mim um castelo.

O "recheio" do Garzon foi chegando aos poucos. Miram, grande amigo de meu pai, homem requintadíssimo, dizia à minha mãe:

— Compre pouco, Naná, mas coisa boa.

Mamãe tinha um ótimo gosto, mandou buscar o sofá de palhinha com as quatro cadeiras de jacarandá do engenho, mobília remanescente que ficara guardada em casa de parentes — com eles veio também o lampião de opalina azul com a Nossa Senhora da Conceição, padroeira do meu pai. Santa Rosa, que ilustrava os livros de meu pai, fora enviado para copiar a sala de jantar que estava na vitrine da Leandro Martins. Fez um croqui perfeito, lindo, que mandaram executar pela metade do preço no Catete. Os quadros iam chegando e era papai mesmo quem os pendurava: os Di Cavalcanti, Portinari, Guignard, os Cíceros com a sua fase poética, belíssimos, o menino azul do Dacosta, mas eu adorava ficar olhando a menina no orfanato vestida de uniforme *bordeaux* segurando uma carta. Aquele quadro do Cícero me tocava profundamente. Quando criança, uma das minhas brincadeiras era imaginar verdadeiras histórias, só olhando e namorando os seus quadros. Depois foram chegando os da fase geométrica, fase animal e vegetal, e papai, observando a minha curiosidade, minha ignorância, ia logo dizendo:

— Quadro, se olha, se gosta ou não se gosta. Querer ficar sabendo o que quer dizer está errado.

Imediatamente gostava de tudo, o que dizia meu pai era lei. Depois tentava passar meus ensinamentos para os amigos que frequentavam nossa casa. Denise, minha grande amiga, tinha outra concepção de arte, era clássica, e todos os quadros de sua casa eram acadêmicos, herança do Arthur Azevedo, seu avô. Na minha ignorância, desprezava tudo que via em sua casa. Hoje, lembro que lá havia raridades. Mas criança é assim mesmo, eu sofria influência de meu pai a quem hoje sou muitíssimo grata.

Quando era pequena adorava subir e descer aquelas escadas, chegava até o escritório, olhava todas as estantes, sentava no sofá de linho estampado que minha mãe havia escolhido. Sabia que era zona proibida, mas abria a porta do sótão, que era bem pequena, e me metia lá dentro. Maricota vinha me procurar aos gritos, pensando que eu havia caído da janela e, só aí, é que eu abria a porta para levar uma bronca da babá. Mais tarde o escritório seria meu lugar preferido para falar no telefone; deitava no sofá e ficava jogando conversa fora. Os anos foram passando. Não sentíamos falta de espaço, o Garzon nos bastava. Quando descia e encontrava meu pai ainda sentado na sala de estar lendo os jornais ia dar-lhe um beijo, mas ele, que não me vira chegar, pedia que eu subisse e descesse as escadas novamente, queria admirar a filha. E me pedia um outro beijo. Eu fazia isso com graça e prazer, adorando seu carinho, suas palavras que me deixavam seguríssima para sair de casa.

Assim que nos mudamos, na primeira grande chuvarada, o canal não resistiu e a água transbordou entrando na casa. Meu pai e as empregadas tentavam em vão empurrar a água que, de teimosa, não parava de subir. Quando atingiu quase meio metro, desanimados subimos as escadas, e ficamos todos sentados nos degraus, desapontadíssimos, esperando a água baixar. Foi um deus nos acuda.

— E agora — dizia meu pai —, a casa vai se desvalorizar... Que faremos, Naná?

Logo logo, quando a água baixava, tratavam de limpar a casa, colocavam tudo nos lugares e ninguém pensava mais no assunto. A verdade é que foram várias enchentes, umas piores que as outras. Quando começava a chover forte, os sofás iam para cima da mesa, retiravam-se os tapetes, mesinhas, tudo era removido. Minha mãe organizava bravamente a operação enchente, sem jamais desvalorizar o Garzon.

— Todas as casas do bairro estão do mesmo jeito, até a casa do Negrão de Lima está debaixo d'água. — Dizia minha mãe.

Ninguém tocava mais no assunto. Depois da decepção com as enchentes, a surpresa veio do Peixoto de Castro, que construiu sua cocheira Mondesir vizinha a nossa casa. Papai ficou arrasado.

— Não é possível, só faltava essa!

Mas, logo, ele passou a achar que os cavalos seriam seus melhores vizinhos, chegou até a escrever um artigo sobre os novos amigos. Apenas acordava pela manhã muito cedo para "flitar" (uma bomba de aerossol que existia na época) toda a casa afugentando as moscas, até que conseguiu com o próprio Peixoto de Castro (por intermédio de Iná Prudente de Morais) que se fizesse alguma coisa para eliminar completamente as moscas da cocheira. Fato consumado, fato esquecido. E o Garzon continuava firme e forte.

Nunca tive chave de casa. Entrava sempre pela porta da cozinha, com os cachorros fazendo-me festa, meu peixe vermelhinho que ficava numa prateleira em cima da pia, e aquele cheiro de comida inesquecível que saía daquelas panelas brilhando quando batia o sol. Era a cozinha do engenho reproduzida na casa de minha mãe. Eram as Marias, Maria do Norte, Maria Romana, Dasdores que engomava os ternos brancos de papai, deixando-os como novos. Nevinha, que veio ainda menina do engenho, aprendeu a servir mesa, com uniforme e toquinha. Cosma que trabalhava com um papagaio no ombro e de tanto dar comida aos cachorros, acabou matando o pobre Turco. Francisca, de cabeça pelada, ganhou do namorado um colar de pérolas maravilhoso, era tão lindo que veio me oferecer para sair com ele. Dei vários passeios com o colar até descobrir que era verdadeiro e roubado. Francisca depois disso acabou perdendo o emprego. E a Neném, que quando o telefone tocava corria para debaixo da cama! Depois de perder o medo, tornou-se uma grande cozinheira e acabou na casa de minha irmã Betinha, cuidando de sua filha Cláudia. Damiana, que foi babá de minhas irmãs em Alagoas, veio bater com os costados no Rio. Casada, quando brigava com o marido, vinha com as filhas Creuza e Eunice passar temporadas lá em casa. Fazia de suas filhas minhas pajens: brincávamos de colégio, tentava ensiná-las a ler, até de castigo eu colocava as pobrezinhas. Eunice, anos mais tarde, veio trabalhar como copeira no Garzon e de lá saiu para casar. Todo esse pessoal ia se revezando e fazendo parte do Garzon.

Mas a casa brilhava mesmo era quando chegavam os amigos de meu pai: Gilberto, Olívio, Cícero. Os amigos do Rio eram todos requisitados, minha mãe organizava jantares maravilhosos, o vinho não era grande coisa, o Mateus Rosé geladinho, o uísque saía do armário e sempre tinha uma garrafa extra guardada. O melhor de tudo eram os papos deliciosos, divertidos — todos pareciam meninos grandes, que riam das imitações do Jardim, que não variava de repertório, mas era sempre engraçadíssimo.

Era assim o Garzon.

Depois, chegou a nossa vez. Glorinha, com a minha ajuda, convidava sempre pequenos grupos para jogar, dançar. Papai descia sempre para fazer parte das conversas com nossos amigos. Os rapazes o adoravam com suas brincadeiras. Impossível esquecer os aniversários de Cláudia, filha de Betinha, os almoços de domingo, papai sempre sendo servido em primeiro lugar pela minha mãe, que lhe preparava cozidos maravilhosos, galinha gorda com pirão, as famosas fritadas de camarão, e depois a espera da carona do Mário Filho, que vinha sempre buscá-lo para o futebol. Tudo isso registrado em minha memória.

Minha mãe não perdia a feira dos domingos. Voltava com um carregador levando na cabeça um cesto enorme, cheio de frutas, legumes e flores. Quando chegava, fazia lindos cestos de frutas e legumes para a cozinha; na sala colocava sempre no jarro que meu pai trouxera de Portugal as flores mais bonitas que encontrasse.

Gostaria de guardar só as boas lembranças do nosso Garzon.

Nossos casamentos foram todos festejados em casa. Gastavam tudo que tinham, serviam o que havia de melhor da casa Colombo; na varanda do escritório, que era bem grande, colocavam mesas com um outro bufê e tudo funcionava maravilhosamente bem, sem chuvas e sem medos.

Meu pai já, muito doente no hospital do Ipase, poucos dias antes de morrer, pediu a Betinha, minha irmã, lápis e papel e escreveu: Viva o Garzon 10!

PS: Morreu minha mãe amando o Garzon até os seus últimos momentos de lucidez. E hoje, quando passo pela casa, procuro não olhar nem para a esquina, não consigo sentir mais nada. É como se sua alma tivesse partido com minha mãe.

A casa de Laranjeiras

Os jornais não falavam em outra coisa: "Assassinato na butique mais elegante do Bulevar 555", gritavam os jornaleiros espalhados nas esquinas das ruas da cidade. Letras garrafais nas primeiras páginas dos jornais. Morrera assassinado Jorge, o costureiro mais talentoso, bonito, charmoso, que trabalhava no Bulevar 555. As clientes da loja entraram em pânico quando souberam que seriam chamadas para depor na delegacia. O *boy* que trabalhava na butique, pressionado por um jornalista, conseguira, por uns trocados, a lista das freguesas que frequentavam a loja mais bem conceituada da capital. O escândalo não podia ser melhor para os jornais, que precisavam de notícias para preencher os espaços vagos que eram censurados pelo Estado Novo. Acabaram descobrindo que Jorge era casado com a gerente da loja e que mantinham em segredo sua união. As freguesas, quando souberam da notícia, ficaram surpreendidas: para elas, Jorge era livre, solto, desimpedido, um boneco lindo que desenhava croquis originais especialmente para cada uma delas. Tratavam-no com toda intimidade, contavam-lhe pormenores de suas vidas. Era um chamego só. Por que a gerente escondera seu casamento? Era a pergunta que todas faziam... segredo esse que elas e nem ninguém nunca desconfiaram. Para algumas freguesas, Jorge era um fiu-fiu, nunca poderiam imaginá-lo metido naquelas notícias que estavam surgindo, tudo ainda muito sigiloso. O DIP, quando tomou conhecimento, não deixou de publicar os pormenores do escândalo, muito menos os nomes das freguesas, gente conhecidíssima da sociedade, amigas íntimas de dona Darcy e Aldagisa Fontes. Mário, o jovem jornalista que estava à frente da reportagem do *Dia Livre*, queria ir fundo nas investigações. Começou a ficar desconfiado de que havia gente importante metida naquilo. Tudo que vinha à tona era muito bem abafado. As fofocas, variadas: começaram a imaginar que a gerente estaria ganhando dinheiro chantageando algumas freguesas. Eram mil e uma suposições. Berenice, uma das vendedoras, comentava com Lurdinha, colega de trabalho:

— Teria sido dona Mariazinha, a assassina?
— Mas por que ela? — respondia Lurdinha.
— Paixão, minha filha, paixão. — Berenice, baixando a voz continuou: — Depois que ela descobriu a relação amorosa que existia entre Jorge e Norminha, dona Mariazinha quase enlouqueceu de ciúmes.

Sabia-se que Norminha e dona Mariazinha eram as freguesas que mais compravam na loja. As duas amigas continuaram a fofocar:

— Você sabia que aquela menina estava noiva? O pai é gente do Estado Novo, íntimo do Filinto Müller — continuou Berenice.

— Aquela loura que imita a Lana Turner? — perguntou Lurdinha.

— Essa mesma, ela vivia dando uma trela imensa para o Jorge. As más línguas diziam até que eles estavam tendo um caso, caso esse que tinha sido descoberto pelo motorista de dona Mariazinha. Já imaginou?

Lurdinha logo cogitou que poderia ter sido o motorista o assassino, a mando de dona Mariazinha. Berenice continuava com novas insinuações:

— Dona Sônia teve que dar um chega pra lá e colocar freios na menina que estava parecendo uma cadela no cio.

— Berenice, mesmo duvidando do motorista não vejo dona Mariazinha mandando fazer uma coisa dessas. Veja só: ela o tinha nas mãos, sustentava-o, dava-lhe de tudo, até um carro zero deu de presente. Menina, aquela mulher de tanta classe não faria uma coisa dessas. Você leu bem todos os detalhes do assassinato? Cortaram o pênis do pobre Jorge e o colocaram na sua boca. Mataram-no da maneira mais sórdida, coisa de gente baixa. Não, dona Mariazinha é uma mulher de classe, não tem esse perfil de assassina cruel; no máximo, colocaria veneno no refresco de Jorge ou coisa parecida.

— Como você é ingênua, Lurdinha. Na hora da raiva o diabo entranha no corpo da gente e ninguém lembra de classe, menina. Eu só não quero que nada disso caia pra cima de mim.

— Berenice, você precisa ter cuidado. Aquela história do seu aborto não ficou bem esclarecida. Todos sabiam e percebiam seu chamego com o Jorge. Aquela sua licença de trabalho foi misteriosa, tudo muito rápido. Foi muita maldade de dona Sônia nos ter contado que você tinha se ausentado pra fazer um aborto. Todas nós já sabíamos de quem era...

— Esquece, por favor esquece, só espero que ninguém esteja escutando essa nossa conversa tão idiota, meu Deus!

Os fuxicos continuavam. Começava a surgir muita novidade, muita mentira e foi tanta confusão que quase esqueceram de enterrar o pobre do Jorge. Dona Sônia finalmente assumiu a viuvez e acabou mandando enterrar o marido bem longe, lá no cemitério de Araruama, assim não iria ninguém. Os jornalistas logo descobriram onde seria o enterro mas quando chegaram, não encontraram ninguém, só mesmo a viúva estava presente e uma bonita coroa de flores sem nada escrito. Dona Sônia, na confusão, esquecera de encomendar as flores, ficou curiosa para saber quem teria mandado aquela coroa tão bonita. Mas logo desconfiou que seria de Norminha.

A butique que estava prestes a fechar as portas, depois de tamanho escândalo, não se sabia mais o que fazer com tanta clientela. Todas queriam comprar o último modelo que Jorge desenhara. Vinha gente até do subúrbio, a curiosidade era mórbida, e acabavam sempre comprando alguma coisa. Dona Mariazinha havia sido proibida de sair de casa, nem por sonho colocasse o nariz no cabeleireiro. Seu marido, que trabalhava diretamente com Lourival Fontes, conseguiu que abafassem o caso. Foi prometido que nada mais apareceria na imprensa. Só o jornalista Mário que não se conformava com a situação, resolveu ir à frente com as investigações. Acabou descobrindo o endereço da viúva que, depois do escândalo, foi demitida pelos donos da loja: tratava-se de uma escroque, diziam eles, escondendo seu casamento com o costureiro da firma. Por que razão faria uma coisa dessas? Começaram a achar que dona Sônia estava chantageando as freguesas. Mário resolveu investigar quem mandara a coroa branca. E foi bem mais fácil do que imaginara. Logo encontrou o endereço do florista e, com uma boa gorjeta descobriu o nome da mandante: Norminha. O jornalista estava impressionado com os acontecimentos que vinham surgindo. Para ele tudo ia sendo esclarecido. Depois dos depoimentos de Berenice e de Lurdinha, já considerava o caso quase resolvido. Só não sabia como furar o bloqueio do *Dia Livre*. Sabia que este assunto estava encerrado, era proibido falar do caso até nos corredores do jornal. Como faltava o depoimento da viúva, resolveu marcar o encontro assim mesmo. Ficou curioso, telefonou para dona Sônia e se mandou para Botafogo. Não acreditava que saísse nada dessa entrevista, seguro de que a chave de tudo estava com Norminha, precisava apenas descobrir nome, profissão, idade, a ficha completa do seu noivo. Tinha certeza de que dona Sônia poderia ajudá-lo. Ficou surpreso ao encontrá-la tão abalada com os últimos acontecimentos. Perdera Jorge, estava saindo do emprego desmoralizada pela empresa que a estava chamando de trambiqueira, chantagista etc. Os vizinhos passaram a não cumprimentá-la e, o pior, sabia que seria dificílimo arranjar um outro emprego de categoria como o do Bulevar 555. Foram nessas circunstâncias que Mário a encontrou.

Foi bem recebido por dona Sônia, que lhe pediu discrição na reportagem — já estava desmoralizada e todos sabiam que nunca tinha explorado a imagem de Jorge e muito menos chantageado suas clientes. Jorge era um caso à parte. Conheceram-se há muitos anos, ele sempre tivera talento para desenhar garotas lindas, vestidas de todas as maneiras: ora na praia, nas corridas do Jóquei, em bailes de formatura, no cassino, roupas de alta elegância. Sônia, que começara a trabalhar com modas no Bulevar 555, resolveu levar seus croquis apresentando-o como um jovem costureiro que havia acabado de chegar de Paris. Ficaram encantados com os croquis, aprovaram seus desenhos na hora.

— Mande chamar esse rapaz, estamos precisando de novos talentos — disseram os donos do Bulevar 555.

Essa fora a razão porque não contara do seu casamento com Jorge. Chorava muito e quase não conseguia completar suas falas. Mário, discretamente, ia tomando notas.

— O que você me diz do noivo de Norminha? Afinal, eles estavam de casamento marcado.

— Verdade, seu Mário, mas Norminha não gostava dele não. Ela só tinha olhos para o Jorge, era alucinada por ele. Há muito que o nosso casamento tinha ido pelos ares, mas continuamos bons amigos, morávamos juntos pelas circunstâncias da vida, e era só. Respondendo à sua pergunta, o noivo de

Norminha trabalhava com o Filinto Müller, gente íntima do presidente Getúlio. Mesmo separados, não tínhamos segredos um para o outro. Jorge era um tremendo mulherengo, continuava assediado pelas mulheres da butique e principalmente por essas duas freguesas que não o deixavam em paz. Eu já não dormia, apavorada, com medo que acontecesse alguma coisa com Jorge. A verdade é que ainda gostava muito dele. Recentemente, ele se metera em política e, desde rapazinho, se dizia comunista. Logo ele, desenhista de modas, trabalhando num local tão elegante, que não tinha nada com as suas ideias. Mas me assegurava que precisava ganhar muito dinheiro para ajudar uma célula comunista. Vivia metido lá pela rua das Laranjeiras; quando saía do trabalho, corria para o tal endereço que nunca consegui saber. Tinha muito medo de que o motorista de dona Mariazinha descobrisse a vida dupla de Jorge. Há muito que estava de olho nele e, para complicar, ainda havia o noivo da Norminha. Toda essa trapalhada, suas idas e vindas da rua das Laranjeiras eram muito bem escondidas. Eu só sabia que gente muito importante frequentava, como ele, o mesmo endereço. Um dia Jorge voltou mais cedo para casa e se jogou na cama. Não falava, tremia, gemia e lívido me avisou que só no dia seguinte levaria os croquis. Pedia para eu não ficar preocupada, que tudo daria certo. Mas qual não foi a minha surpresa ao abrir o jornal pela manhã e ver estampada na primeira página a prisão de Prestes e Olga Benário. As letras bem grandes diziam: "Desvendada a última célula comunista encontrada na rua das Laranjeiras. Filinto Müller acaba de prender Prestes e sua mulher Olga

Benário, que estavam confabulando contra o Estado Novo."
Senhor Mário, aquela foi a última vez que vi Jorge com vida. Ao voltar para casa encontrei nosso apartamento todo revirado e nenhum sinal do pobre Jorge. Só no dia seguinte encontraram-no assassinado na loja. Creio que o mataram e o levaram para lá. É só o que tenho para lhe dizer, o resto o senhor já sabe.

Mário ficou estarrecido com os detalhes. Fora o Estado Novo que assassinara Jorge e ele não podia fazer nada. Era a sua vida contra o furo sensacionalista da notícia, notícia essa que nunca seria publicada; iria direto para o escritório do DIP.

CARTAS DE UM VIAJANTE APAIXONADO

6 DE SETEMBRO

Maria, já ando desesperado para chegar ao término dessa viagem. Passo os dias olhando o mar, tentando descobrir um golfinho ali outro acolá. Não tenho ninguém para conversar, para trocar uma ideia. Por isso, resolvi escrever-te esse diário. Não sei se fiz bem em aceitar o convite do Manuel; como teu pai impulsionou-me, aqui estou. Quem sabe se tivesse procurado com mais afinco não teria encontrado serviço junto a uma família importante aí por perto? Desanimado, comendo muito mal, passo as noites pensando em ti.

8 DE SETEMBRO

Maria, minha querida, estou sentado no convés. Eu e as estrelas. Nunca vi tanta estrela na vida, agora mesmo caiu uma e já fiz o meu pedido — o céu todo faiscando, fico completamente hipnotizado olhando e querendo encontrar o teu nome desenhado no céu — como gostaria que estivesses ao meu lado admirando tamanha beleza. Onde moramos não se vê um céu tão bonito com tantas constelações. Como não conseguia dormir, vim buscar um pouco de ar fresco, e aqui estou a sonhar contigo. Tenho muito medo que não saibas me esperar. Lembra-te do nosso amor quando começares a fraquejar. Não posso esquecer do dia em que te conheci, linda, com as tranças presas por dois laçarotes, passavas com os teus pais em frente a nossa casa. Amei-te logo que te vi, serias a mulher da minha vida.

10 DE SETEMBRO

Minha amada, o barco parece uma noz perdida nesse mar bravio. O capitão está nervoso e a tripulação toda de sobreaviso, comunicam-se por apitos; nós, os passageiros, já estamos todos de salva-vidas, sei lá se isso presta. Valha-me o Senhor. Que esse infortúnio se acabe.

11 DE SETEMBRO

Maria, o barco não afundou e aqui estou a te escrever. Sabes que pensei que não iria mais te ver. A tempestade foi feia e o comandante perdeu por um momento o controle do paquete. Larguei tudo que tinha pra trás e só fiquei mesmo com os documentos amarrados ao peito. Dizem que estamos perto de chegar. Espero que o Manuel venha buscar-me, e não tenha esquecido do nosso compromisso.

15 DE SETEMBRO

Maria, errei em ter aceitado o convite do Manuel. Só teu pai que me animou a vir para o Brasil, achava que voltaria rico para te buscar. Quem sabe se teu pai não me queria ver longe de ti? Assim, nos afastaria para sempre. Imagina, se os futuros patrões não gostarem do meu trabalho, do meu traço, do meu colorido, e se os retratados forem muito feios, como farei? Ando nervoso, pensei que tivesse esquecido das tintas, dos pincéis no cais do porto, mas já os encontrei.

20 DE SETEMBRO

Maria, minha amada, não me esqueça. Estamos perto de chegar. Vou tomar um banho, sei lá como isso vai acontecer, tudo aqui é racionado, mas, ao chegar, preciso dar uma boa impressão ao amigo Manuel. Guardei uma camisa branca, bem alva, meias, e já engraxei os sapatos. Todos os meus pertences arrumados na minha malinha. Tenho certeza que não esqueci de nada. Quero ir para o convés a ver a chegada a Pernambuco. Maria, estou com medo, com muito medo.

21 DE SETEMBRO

Maria, minha amada, minha vida, meu tudo, como gostaria que estivesses ao meu lado vendo tamanha beleza. As praias são extensas, veem-se ao longe praias belíssimas, areia branquinha, recifes, e muito verde. O coqueiral já tomou conta das praias balançando seus galhos; dando-nos as boas-vindas. O verde daqui é forte, vigoroso, grita com o brilho do sol, tão diferente do nosso que é clarinho, romântico, delicado como a minha Maria. Todos estão ansiosos pela nova vida que iremos encontrar. Reza, meu amor, reza para que eu tenha sucesso e possa voltar logo para os teus braços. Deixarei essas notas com beijos e saudades e pedirei ao Manuel que as envie pelo primeiro paquete que volte para Lisboa.

1 DE OUTUBRO

Maria, desculpa não ter te escrito antes como havia prometido. Manuel pegou-me de barco e fomos para terra cheio de emoção. Pisei na praia com o pé direito, rezei e pensei em ti. Lindo, lindo, que natureza alegre, deu-me vontade de sentar-me em baixo de um coqueiro e começar a desenhar tudo que via. Os negros é que fazem todo o trabalho pesado nessa terra. Manuel já tem dois a seu serviço. Andam quase nus, com uns trapos enrolados no corpo, fortes, musculosos, de olhos tristes, olham para o mar como se estivessem procurando o caminho de volta. Ruas sujas, muita lama, muita gente andando a cavalo, carroças, tílburis, carruagens, moleques, uma confusão dos diabos, não via a hora de chegar na casa do Manuel.

3 DE OUTUBRO

Maria, aqui estou tonto com as novidades da terra. Já fiz vários desenhos, muitas aquarelas. Manuel já me prometeu arranjar mais papel. Amanhã vamos ao engenho dos Cavalcanti que já estão ansiosos pela minha chegada. Manuel confirmou-me que são muito ricos, com muitos filhos para retratar. Minha amada, pensa com muito amor no teu Joaquim, no teu Quinzinho.

5 DE OUTUBRO

Maria, aqui estou. Já conheci toda a família. Manuel voltou para casa e ficou de vir aqui dentro de um mês. Fiquei desanimado. Vendo o amigo partir, enchi-me de tristeza e acabei esquecendo de mandar-te minhas notícias. O senhor Cavalcanti assegurou-me que as levaria em sua próxima ida à província e, que no próximo paquete, despacharia minha correspondência.

15 DE NOVEMBRO

Amada, não fica triste. Não foi possível continuar o meu diário. Andava com a cabeça virada, não conseguia concentrar-me para pegar na pena, fazer um croqui dos miúdos. Agora, mais calmo, resolvi que a melhor hora para desenhá-los será na hora das refeições. São tantos que chego a perder-me, fazem uma algazarra, uma bagunça, sujam-se todos e, para cada miúdo, tem uma mucama ao lado. Por enquanto estou dedicado às crianças. Os patrões aguardam o resultado de meus pincéis. Quando abro a janela do meu quarto fico enlouquecido com a passarada, os periquitos, as araras, os tucanos, me ponho a desenhar e esqueço do tempo. Outro dia perdi a hora da refeição dos miúdos, mas também fiz desenhos e aquarelas que agradaram muito a senhora Cavalcanti, que aqui é chamada de Sinhá Moça. Já viu coisa mais parecida? Sabes por quê? Porque tem uma Sinhá Velha que é a mãe do patrão. Sinhá Moça pediu para guardar meus desenhos, queria mostrar às amigas. Fiquei todo prosa.

28 DE NOVEMBRO

Querida, Manuel trouxe-me tua carta. Beijei-a várias vezes. Nem fazes ideia de quantas vezes a li e reli. Não te preocupas, não tenho olhos para mais ninguém, só fico entusiasmado, muito mesmo, com os pássaros e os frutos exuberantes que são de um colorido que só agora, depois de muito esforço, minha aquarela conseguiu atingir os diferentes matizes. Às vezes fico a pensar se tu não gostarias de vir morar no Brasil. Compraria uma terrinha e criaríamos aqui nossos miúdos. Diz-me o que achas, não minta, diz-me a verdade.

5 DE DEZEMBRO

Maria, na semana passada Manuel veio buscar-me para passar uns dias em sua casa. Fui feliz como um menino. Dessa vez, foi possível admirar a cidade com mais calma, as suas igrejas barrocas cobertas de ouro, os palacetes, ver o mar. Os holandeses deixaram muita coisa bonita por aqui, algumas pontes ligando esta cidade cercada de rios, parecida com Veneza, e vê-se também que deixaram muita negra prenha. Manuel achou-me mais gordo. Preciso comer menos mandioca, conter-me nos lanches e nas frutas. A temperatura nas praias é bem agradável, sempre vem uma brisa bem diferente da temperatura do engenho. Não sei por que me deu saudades das noites no engenho. Costumo ficar de janela aberta debaixo do mosquiteiro ouvindo o batuque dos negros na senzala. Cantam e dançam até tarde. Dizem que o sinhozinho Cavalcanti vai sempre por lá escolher uma negra pra se deitar e lhe fazer cafuné. Manuel casou-se com uma da terra, negra bonita que já lhe deu vários filhos. Maria, minha amada, fica tranquila, prepara logo o teu enxoval e marca o mais rápido possível a tua viagem. Não vejo a hora de te ver nos meus braços ao som do batuque dos negros. Vai ser bom, Maria, muito bom. Aguardo-te, minha amada.

20 DE DEZEMBRO

Manuel, já estou desiludido, Maria me esqueceu de vez, ou então ficou apavorada de vir morar no Brasil. Fui um louco em ter-lhe falado dessa ideia, logo a Maria, tão apegada aos pais.

21 DE DEZEMBRO

Manuel, ainda espero que o senhor Cavalcanti me possa liberar para passar o Natal com a tua família mas, até agora, nenhum sinal de sua parte. Queria que soubesses que comecei a fazer o retrato de Sinhá Velha. A senhora pediu-me um tempo, queria que a conhecesse melhor, antes de ir direto para o papel. Ela tem toda razão. Todos os dias sou chamado para tomar chá em seus aposentos. Ela mora quase separada da família Cavalcanti, habita uma ala da casa que é quase uma casa dentro de outra. Pediu-me para chamá-la de dona Eugênia, nome lindo — faz-lhe companhia uma senhora que está sempre ao seu pé, ora bordando, ora lendo-lhe trechos de algum livro. Não fazes ideia do luxo que vive dona Eugênia, um gosto refinado, tudo lá é diferente dos móveis, dos objetos e da maneira de viver dos Cavalcanti. As mucamas usam saias rodadas, turbantes e estão sempre com um riso estampado no rosto. Do outro lado da casa, sente-se a tristeza estampada na cara dos senhores, quase não se falam, ao menos; à noite, os negros desabafam nos batuques.

21 DE DEZEMBRO, CONTINUANDO...

Manuel, ainda te escrevo, nada de notícias do senhor Cavalcanti. Graças ao bom Deus, entrou dona Eugênia na minha vida. Hoje, passei toda a tarde esboçando o seu retrato, essa senhora é um encanto, conversamos sobre os mais variados assuntos, cheguei até a contar-lhe da Maria. Nem sabes como me fez bem poder falar da Maria, desabafar. Sentando-lhe à frente, deu para perceber sua beleza. Tem uma postura de rainha. Atrás daquelas roupas pretas, existe a alma de uma mulher jovem que sabe sorrir e escutar. Tenho certeza que dona Eugênia deve esconder alguma coisa atrás daquele luto fechado. Vou acabar descobrindo. Precisavas te contar, antes de dormir, que consegui fazer ótimos esboços de dona Eugênia.

22 DE DEZEMBRO

Manuel, como já terminei os retratos dos miúdos, agora quase não os vejo mais, só mesmo na hora das refeições, quando compartilhamos da mesma sala. Como são barulhentos! As mucamas não sabem educar essas crianças, fazem tudo o que querem. Pelas manhãs, passo o dia desenhando, tomo o caminho do pasto, vou seguindo em frente até encontrar o riacho, lá fico observando as lavadeiras que são lindas — ficam quase nuas lavando roupa e estão sempre a rir. Fico enlouquecido, homem, desconto nos desenhos que tenho de os guardar bem escondidos. Mas já decidi, que vou guardar-me casto para a minha Maria. E se a Maria não me quiser mais, que farei, Manuel? Só agora, com a presença de dona Eugênia, estou-me a sentir mais calmo, mais relaxado. A Maria virá. Tenho certeza que a minha Maria acabará vindo a meu encontro.

22 DE DEZEMBRO, CONTINUANDO...

Manuel, meu amigo, acabei jantando com dona Eugênia, ficamos tão entretidos que não sentimos o tempo passar. Dona Eugênia contou-me fatos de sua juventude, vai se abrindo, homem — fiquei extasiado com o seu sorriso, os dentes são como contas de pérolas, olhos azuis como duas safiras, faces de um rosado delicado, transparentes que enrubescem com a maior facilidade, dando-lhe um ar ingênuo, encantador. Fui tentando retratar esses momentos — consegui bem o azul de seus olhos. Estou terminando um pastel que está ficando muito bom. Apenas, me sinto enfeitiçado. Estou a ficar apavorado, já não posso passar sem a sua presença. Preciso terminar esse retrato o mais rápido possível e tomar caminho. Ajuda-me, amigo.

23 DE DEZEMBRO

Manuel, fui liberado. Fui chamado bem cedo pelo capataz do senhor Cavalcanti. Ganhei uma semana de férias para passar os festejos com a tua família. Mas agora não sei o que fazer, como vou avisar dona Eugênia? Terei que partir imediatamente com a turma que segue para a província. Como é muito cedo, não poderei avisar a senhora. Resolvi ficar. O capataz vai levando minha correspondência. Desejo-lhe um feliz Natal ao lado de tua família que soubestes tão bem organizar no Brasil. Abraço-te, homem. Deseja-me boa-sorte.
Teu amigo, Joaquim.

24 DE DEZEMBRO

Manuel, já não me sentirei tão só, dona Eugênia mandou-me um bilhete dizendo que não aparecesse na hora do chá para as poses, que viesse, sim, jantar às oito. Festejaremos a véspera de Natal em sua ala. A família Cavalcanti irá se reunir no dia 25 para almoçar. Hoje, quase não pensei na Maria, estive todo o dia preocupado com a decisão que acabei de tomar. Aliviado, feliz de ir passar véspera de Natal com dona Eugênia. Uma amizade começa a surgir muito forte entre nós dois. Dá para sentir que dona Eugênia trata-me de uma forma diferente. Quando voltar, continuarei a te escrever.

25 DE DEZEMBRO, PRIMEIRAS HORAS DO DIA

Manuel, como te prometi, não irei dormir antes de te contar como se passou o meu Natal. Parecia que estava em Lisboa, encontrei os aposentos todos decorados — arranjos de flores de papel com folhas douradas, com laçarotes de fitas vermelhas em todos os castiçais, o menino Deus na manjedoura em cima de uma mesa redonda coberta com uma toalha de rendas, tudo em grande estilo e tradição. Acabei sabendo que a família de dona Eugênia veio de Portugal com a Família Imperial. Parente dos Beira Alta, o pai de Eugênia, titular importante, fez questão de acompanhar d. João VI ao Brasil. Homem de grandes negócios, trouxe mobília, objetos de valor, livros, empregados, a governanta francesa de Eugênia. Durante a viagem, sua mulher, de saúde muito frágil, adoecera gravemente e tiveram que aportar em Pernambuco. A mãe de Eugênia morreu logo em seguida, deixando a pobre órfã numa província atrasada, longe dos amigos e da família. O barão tratou de arrumar uma boa moradia e, como o dinheiro abre portas, tudo logo foi se ajeitando, em seguida tratou de arranjar um noivo para a filha; não seria difícil com a fortuna imensa que trazia de Portugal. Eugênia, muito jovem, acabou casando-se com um descendente dos Cavalcanti, gente de influência junto à Corte, mas de pouco mundo, pouca cultura. Seu pai exigiu que a filha levasse alguns empregados, a governanta, seus objetos pessoais, para a alegria dos Cavalcanti, um dote imenso. E assim, partiu Eugênia, depois de casada, para esse engenho. Por hoje é só, estou quase a dormir, sem vontade de pensar em ninguém. Até os negros deixaram o batuque de lado. Feliz Natal.

2 DE JANEIRO

Manuel, terminei o retrato de dona Eugênia; modéstia à parte ficou um primor, os olhos parecem que saem do quadro, querem me dizer algo, mas devo por honra ignorar. Tenho procurado não aceitar os convites de dona Eugênia que agora decidiu tomar aulas de pintura. Que farei, Manuel?

5 DE JANEIRO

Manuel, saber que dona Eugênia foi infeliz com o marido não seria nenhuma novidade para nós. Teve só um filho que foi educado longe, na capital. O pai morreu logo em seguida ao seu casamento; dizem as más línguas que morreu num bordel, assim afirmou-me a pobre senhora. Depois disso, foi um desenrolar de tragédias em sua vida — morre o marido tragicamente envenenado. Nunca conseguiram descobrir a razão. Contou-me, com todas as palavras, que chegaram a dizer que ela própria tramara sua morte.

8 DE JANEIRO

Manuel, meu amigo. Estou num dilema. Guardo a minha castidade para Maria ou perco-a com dona Eugênia?

10 DE JANEIRO

Sou mesmo uma besta, Manuel. Não posso resistir mais aos encantos de dona Eugênia. Hoje, beijei-a no jardim, senti no seu beijo o cheiro das lavadeiras nuas do riacho, senti as saudades da minha Maria, dos batuques dos negros atormentando minhas noites no engenho. E ali mesmo, dona Eugênia deixou-se amar, entregando-se toda aos meus beijos, ao meu amor.

11 DE JANEIRO

Já pedi minhas contas ao senhor Cavalcanti, que estranhou minha quebra de contrato, ainda faltavam dois retratos, o seu e o de sua mulher. Inventei uma desculpa, falei-lhe da Maria, da minha volta a Portugal. Pagou-me até bem, ainda me fez uma carta de recomendação. Não quis despedir-me da senhora Eugênia, não tive coragem. Quando receberes minha carta, estarei longe, em alto-mar, voltando para Lisboa. Vai um dinheiro que estava te devendo — fostes mais que um amigo socorrendo-me nos piores momentos e sabendo, mais do que nunca, pacientemente, me escutar. Precisava dizer-te: quem amo mesmo é a Maria.
Teu amigo, Joaquim.

5 DE FEVEREIRO

Joaquim, fiquei atônito com a tua carta. Como tivestes coragem de fazer uma coisa dessas com dona Eugênia, senhora tão distinta, que te recebeu tão bem? Fiquei envergonhado por ti. Não precisavas me pagar dinheiro nenhum, não me devias nada, eras um filho para mim. Mandei Zefa ao engenho sondar como as coisas andavam por lá. Pelas lavadeiras que tudo sabem, contaram-lhe que dona Eugênia adoeceu depois de tua partida — já não sai do quarto, dos aposentos, ninguém nunca mais soube dela. Dizem também, não sei se é verdade, que o senhor Cavalcanti e a mãe andaram brigando, Sinhá Moça andou fazendo intrigas e bisbilhotando coisas ao seu ouvido. Coitadinha de dona Eugênia. Zefa voltou pesarosa com o que soube. Vejas em que pé estão as coisas. E da Maria, o que me dizes, como a encontraste? Responda logo a minha carta, não ficas aí de baboseira, vai em frente, homem, e toma uma decisão.

10 DE FEVEREIRO

Sem notícias do engenho, parece que as porteiras se fecharam por lá. A vida aqui em Pernambuco é de pura politicagem, não se fala em outra coisa. A milícia procurando, torturando e matando os revoltosos. O povo da terra já começa a nos ver com outros olhos; a coisa vai virar muito em breve. Que feliz ideia ter casado com Zefa e já ter filhos brasileiros, assim sinto-me mais seguro. Trabalho não me falta, a cidade vai crescendo e tenho sido muito procurado. Sabem que não vão encontrar um outro construtor que entenda tanto como eu. Sou um mestre, Joaquim, disso tenho certeza. Amigo, escreve seja o que for, mas manda-me notícias.

5 DE MARÇO

Joaquim, não me digas, então já encontrastes a Maria casada. Sem-vergonha. Foi um castigo para ti. Dona Eugênia, que de tão debilitada, resolveram mandá-la para a província. Virá com a nora se tratar. Apesar do clima de revolta, Recife vai se tornando uma vila importante; o comércio vai aumentando e o dinheiro tem atraído muitos forasteiros que por vezes misturam política com negócios. As notícias que nos chegam de Portugal nos dizem que d. Miguel não desiste do trono e tudo nos vai parecendo como um folhetim burlesco. Dizem que não é filho de d. João VI, daí a preferência de dona Carlota pelo filho. Conta-me mais, homem. Mete-te um pouco em política, tomas um partido e vai à luta. Esquece essa Maria, ponhas um ponto final nesta história. Os engenhos estão se tornando cada vez mais importantes, a cana já domina toda a lavoura da região. Não fazes ideia do que tem de senhor de engenho metido a besta querendo mandar na política. A toda hora se forma um movimento contra o governo, são grupos de portugueses aliados aos nativos da terra. Por hoje é só, Joaquim, tenho que preparar uns desenhos para um coronel que quer construir na vila um palacete para a sua amásia. Da capital, só se fala na volta do Andrada, tutor de Pedro II, quer voltar a mandar na política do país. Fala-me de ti, Joaquim, interessa-te pelo teu Portugal.

20 DE MARÇO

Agora é tarde, Joaquim, para ficares arrependido. O que aconteceu já passou, o que sentias por dona Eugênia não era paixão. Estavas embevecido da atenção que essa senhora te dava. Mulher bonita, sedutora, casada quase uma menina e viúva há muitos anos. Até hoje nunca se descobriu a causa do envenenamento de seu marido. Caístes do céu para essa senhora — sois um rapagão, jovem, artista, sensível, a pobre senhora deve ter ficado enlouquecida com a tua convivência. A meu ver fostes um tolo. Dona Eugênia, mulher inteligente, saberia dominar seu filho, um rapazote sem expressão, casado com uma moça, filha de um pequeno proprietário vizinho, que desconhece as mais simples regras de etiqueta, que mal sabe falar. Joaquim, porque não me falastes antes de partir? Fostes um ingênuo, só aquela tua mania de guardar-te casto para a Maria me deixava enlouquecido. Pensa bem e responde logo a minha carta.

5 DE MAIO

Manuel, não ficas zangado comigo em não aceitar os teus conselhos. Não seria possível casar com dona Eugênia, não tenho cara e nem temperamento para príncipe consorte. Deixo isso para a nossa rainha Maria da Glória. Como sabes, venho de uma família muito simples, todos os meus estudos foram pagos pelos patrões dos meus pais. O Brasil seria a minha solução, mas não deu certo. Sabes, Manuel, não estava apaixonado por dona Eugênia, fiquei foi deslumbrado com aquela senhora tão fina tratar-me com tanta distinção. Era bonita, aqueles olhos azuis que me olhavam com uma sofreguidão, um desejo que estava me deixando enlouquecido. Sua pele branca contrastava com os vestidos pretos, cabelos trançados, enrolados em volta de sua cabeça, tudo aquilo foi me deixando louco e aí aconteceu o que não queria. Não foi possível aguentar mais aquele desejo de pegá-la nos meus braços, acariciá-la, soltar os seus cabelos e embriagar-me com o seu perfume. Foi demais para um pobre coitado que nunca tinha tido uma aproximação com uma mulher de semelhante trato.

Os patrões dos meus pais são ricos, mas gente simples, não conhecem esses luxos de dona Eugênia. Então, cheguei à conclusão que não era amor que sentia por ela era uma admiração por tudo que me oferecia. Maria, a minha Maria, era mais próxima, éramos iguais, nossos pais eram amigos, vínhamos do mesmo berço. Nunca me sentiria constrangido ao seu lado. Tive medo e fugi. Como faria para olhar para dona Eugênia depois daqueles momentos maravilhosos? Não, não me sentiria bem, teria vergonha de olhar, de enfrentar aqueles olhos azuis. Agora, procura entender-me, eu me sentia inferiorizado ao seu lado. Sou muito homem para aceitar esse sentimento em relação a uma mulher. Sofri com isso, talvez até mais do que com o fato de encontrar a Maria já casada. Entrar para a política, meter-me em briga de irmãos, não faria isso nunca, perder a minha vida por essa pátria que zelas tanto. Não acredito nesses políticos, vou-me embora para a França.

Estamos em Portugal e vemos os vizinhos tão longe que dizemos Europa. Recebi um convite para ir trabalhar na França. Dizem que está surgindo por lá um movimento artístico que vai mudar todo esse classicismo, luz, transparência, muita luz, não quero perder esse momento. Vais me ver famoso e vou te visitar aí em Pernambuco. Quero conhecer outras Marias, outras Eugênias e aí estarei pronto para me entregar ao amor, ao amor verdadeiro. Amigo, te agradeço toda a ajuda, o carinho, trataste-me como a um filho e sou-lhe grato. Mandarei notícias assim que me estabelecer. Valoriza a tua Zefa, beija os miúdos por mim. Não esqueças do amigo que ainda precisa muito de ti.

Joaquim.

15 DE AGOSTO

Manuel, aqui estou mais cedo do que esperavas. Os patrões de meus pais, acreditando no meu talento, deram-me umas patacas para completar meus estudos na França. Tomei-me de coragem, peguei o primeiro comboio que partia de Lisboa para Paris. Quando desci do comboio, parecia um burro sem rabo carregando tamanha tralha. Um anjo apareceu e ofereceu-se para me ajudar. Falávamos um dialeto incompreensível, foram mímicas até que o rapazola finalmente entendeu o que eu queria dizer. Procurava um pouso para ficar, mostrava com as mãos que não tinha muito dinheiro, artista, artista, dizia eu, pobre, muito pobre. O rapaz ria tanto que não fazes ideia; de família italiana, entendia nos gestos quase tudo que tentava lhe explicar.

Tranquilo, tranquilo, me dizia ele, e assim fomos andando quarteirões intermináveis até que acabamos chegando numa casa muito grande, com muitas janelas. Entramos pela porta dos fundos num pátio imenso, e só aí percebi que o rapazola morava naquela casa. Foi genial, uma sorte grande ter encontrado na estação esse anjo que se chama Lucas. Levou-me até a cozinha e apresentou-me aos serviçais. Joguei-me na primeira cadeira que encontrei, arriei a tralha que me pesava nas costas, as malas que carregava e, quase sem voz, pedi-lhe um copo d'água. Foi assim a minha chegada no casarão da rua Boissy d'Anglas 15. Já estou te escrevendo de um minúsculo quartinho, onde poderei dormir em paz. Já escondi minhas patacas, podes ficar sossegado. Manda-me notícias de todos, entendido...

Joaquim.

20 DE OUTUBRO

Joaquim, que felicidade ter notícias tuas, se tivesses ficado por aqui, dona Eugênia já teria dado cabo de ti — com todo aquele fogo guardado de tantos anos, te consumiria em pouco tempo. Sou mesmo um parvo com essa mania de ficar com pena de mulher. Fizestes bem de partir. Tu te enfadarias em seguida. Sois jovem, precisas de aventuras, conhecer gente de tua idade e principalmente colocar sempre tua pintura em primeiro lugar. Tens um talento extraordinário, deves frequentar um ateliê e trabalhar com muito amor. Aqui na província, continuam perdendo tempo com aquelas mesmas festividades. Escravos, mestiços, brancos todos se misturam acompanhando as procissões, o *Te Deum*, para depois irem ao coreto escutar a banda tocada pelos mestiços. Os africanos já dominam nossa música, nossa dança, acrescentaram até temperos a nossa comida. Tenho dois africanos que trabalham para mim, tu sabes como os trato bem, mas a maneira como são explorados pelos senhores de engenho, pelos meus compatriotas, me revolta. Fostes testemunha lá no engenho dos castigos que levavam por qualquer coisa. Voltemos a Paris, quero esquecer da província, fala-me dos cafés, das mulheres. Agora que já perdestes a tua castidade não vais ficar aí de moleza. Como são as francesas? Aproveitas, mas tomas cuidado com as pilantras. Quero novidades. Juízo, meu amigo, juízo.

Abraços do Manuel.

15 DE DEZEMBRO

Manuel, tu não sabes o bem que me fazes, quando recebo tuas notícias. Tenho andado muito pela cidade, já domino os arredores. Estou trabalhando para o pai do Lucas, encontraram um lugar para mim — cuido dos cavalos, limpo as carruagens, o pátio, em troca da dormida e de um prato de comida. Já é alguma coisa, não fiques desapontado, vou vencer. Quando tenho tempo, me mando para as margens do Sena — por lá muitos artistas se reúnem, conversam, trocam ideias expondo seus trabalhos no chão à procura de um *marchand* ou comprador. Tomei-me de coragem e num domingo resolvi levar uns desenhos que fiz no engenho. Lembra dos guaches que pintei das lavadeiras? Fizeram sucesso, homem. Imaginas que juntou gente para ver as negras nuas lavando roupa. Teve um senhor de barba, bem vestido, que não parava de olhar, a cada meia hora voltava, ficava admirando o meu trabalho, acabou comprando tudo por um preço razoável. Pediu que voltasse no próximo domingo, que levasse mais desenhos, tudo que tivesse feito no Brasil. No domingo seguinte, para o meu desapontamento, choveu torrencialmente. Fui até lá e não encontrei ninguém. Voltarei, tenho certeza que o senhor estará por lá.

Gostaram das minhas cores, da luminosidade, do desenho solto, da natureza que soube tão bem retratar. Fiquei pasmo, nunca poderia imaginar que esses desenhos fariam sucesso. Meu amigo, quanto às mulheres que ficam nas ruas catando homens, as putas, vamos ser bem claros, são horríveis, já bem gastas, devem estar todas com aquela doença. Chegam até a te agarrar, mas nem de graça as quero. Quem teve dona Eugênia nos braços, não pode aceitar qualquer uma. Trabalho numa hospedaria, daí a casa ser tão grande. Na cozinha, fala-se de tudo, agora já entendo bem o francês. Quando falam das mulheres mundanas, precisas ouvir o que contam. São putas de alto luxo que precisam de quatro homens ricos para as sustentarem. Moram em palacetes, donas de carruagens, grandes empregados para as servirem, vestidos luxuosos, vão à ópera em camarotes, e só frequentam os restaurantes da alta roda. Terei que vender muitos quadros para ser convidado para uma de suas festas.

Às vezes, Lucas precisa de companhia e me leva para conhecer a noite. Os cafés ficam cheios, animados, mas fiquei impressionado mesmo foi com o cabaré que se chama Moulin Rouge. Lucas tem sido um amigão, está sempre me convidando.

Manuel, ficarias enlouquecido com as mulheres que dançam nos cabarés. Imaginas, que quando dançam o cancã, mexem os quadris, levantam as saias coloridas, esvoaçantes, mostram as jarreteiras, deixando o público entusiasmadíssimo. São raparigas lindas, enormes com 1,70m de altura. Se pudesse, iria todo o dia tomar um trago e desenhar aquelas raparigas sensuais como as lavadeiras do engenho.

Voltarei ao Sena no próximo domingo e espero ter boas novidades para te contar. Soubestes mais alguma coisa de dona Eugenia? Queira-me bem.

Teu amigo, Joaquim.

24 DE DEZEMBRO

Meu amigo Manuel.

Já passou um ano e parece-me que foi hoje que fui convidado para passar o Natal com dona Eugenia. Ainda guardo sua fisionomia bem fresca na minha memória, seus olhos azuis como duas safiras, sua tez transparente, seu jeito elegante de andar, era uma rainha. Manuel, quando penso que a tive nos meus braços, que a beijei, seus cabelos anelados, desfeitos no meu rosto, aquela pele suave cheirando a jasmim, fico desesperado de paixão. Não consegui esquecê-la, pelo contrário, quando desenho me vem o seu rosto, sentada na cadeira de balanço embaixo das mangueiras, na janela da casa, e vou desenhando para onde vai levando meu pensamento — Eugênia no canavial, Eugênia radiosa, Eugênia, feliz, de branco ao meu lado. Não precisas ficar preocupado, as mulheres daqui ainda não me possuíram. Tenho trabalhado menos e pintado muito. Fiz um trato com o pai do Lucas, que compreendeu e deu-me todo apoio. O senhor que frequentava o Sena é um *marchand* conhecido, já me dá um dinheiro fixo por mês, mas também só posso vender para ele. Pediu que não mudasse o meu estilo, minha técnica, meu colorido, minha luminosidade. Fiquei envaidecido. Lucas não está gostando nada disso, acha que estou sendo explorado. Mas é só o começo. Outro dia passei pela galeria do senhor Pierre e, quando vi meu quadro pendurado, fiquei orgulhoso, todo prosa, não cabia mais de felicidade. Meus pais devem estar chegando hoje para passar o Natal comigo, mas meu espírito estará aí, escutando os batuques dos negros e jantando ao lado de dona Eugênia.

Beijas os meninos por mim, um abraço para a querida Zefa e que não esqueças de me mandar sempre notícias do engenho.

Teu amigo fiel, Joaquim.

20 DE FEVEREIRO

Joaquim, gostei das notícias mas fiquei preocupado com tua vida de boêmio. Se ficares habituado a tomar tragos, ir a cafés e cabarés, vais te habituar muito mal. Vais gastar teu dinheiro, tua saúde e acabar não pintando mais. Pelo que percebi, estais tentando esquecer dona Eugênia. Põe a cabeça no lugar. De casto passastes a devasso, só pensas agora na noite, nas mulheres e, ainda mais, as compara com as pobrezinhas das lavadeiras do engenho. Zefa tem ido seguidamente ao engenho. Dona Eugênia outro dia perguntou se já havias te casado com a Maria. Disse-me Zefa que pareceu ver um ar de felicidade na sua fisionomia quando soube que estavas solteiro, morando em Paris. Tu sabes que não deves alimentar o amor que sentistes por essa mulher, que, além de ser muito mais velha que o amigo, tem um filho para infernar tua vida. Não te ponhas a fazer loucuras para esquecê-la, mas também não é saudável sofrer dessa maneira. Pinta, põe tua paixão nos quadros, isso vai te aliviar. Cada vez mais os senhores de engenho estão a ficar mais poderosos, mais ricos, donos da situação. Teu amigo continua com muito trabalho, construindo casas lindas para esses coronéis que não valem nada, mas pagam muito bem. Vou juntar dinheiro para ir te visitar. Quero conhecer essas mulheres que dançam o cancã. Cuida-te.

Manuel.

Dia 5 de agosto

Zefa, minha amiga.

Como vais passando? O que está acontecendo com o Manuel que não responde as minhas cartas? Já é a terceira que mando sem resposta. Manuel é um indivíduo decente, não me deixaria tanto tempo sem notícias, se algo tivesse acontecido, mandaria me dizer. Fala-me dos miúdos, conta-me tudo. Manuel preocupa-se tanto comigo que esquece de mandar notícias da família. Mandou-me dizer que os negócios andavam bem. Será que está trabalhando tanto, que não tem um minuto sequer para o amigo? Escreve-me para que não fique a perturbar-lhe com as perguntas que lhe faço sobre o engenho e sobre dona Eugênia. Tenho certeza que não quer me ver sofrer, alimentando-me um amor impossível. Agora escreverei para ti diretamente. Tenho pintado muito, mas é sempre dona Eugênia que me vem nos pincéis, o engenho, aquele verde do canavial que não me sai da cabeça. Aquele verde lembra o nosso daqui, é mais suave, menos agressivo que o verde das matas de Pernambuco. Nunca pensei que vindo para a França fosse ganhar dinheiro pintando as negras, as lavadeiras, a beleza de dona Eugênia. É o amor, Zefa, que me faz descarregar toda a minha paixão na pintura.

Preste atenção, não diga nada ao Manuel que te escrevi, manda-me notícias do amigo. Beija os miúdos por mim e contas com o teu Joaquim.

30 DE OUTUBRO

Meu caro Joaquim.

Tenho um segredo para te contar: não sei ler, nem escrever. Pedi para uma amiga muito querida ler-me a tua carta. As notícias que tenho para ti são tristes. Manuel nos deixou para sempre. Estatelou-se no chão depois do almoço e saiu dali para o caixão. Trabalhava feito um louco, não tinha um minuto de repouso. Fiquei desesperada sem saber o que fazer. Tive a ajuda do pessoal do engenho, que trataram do funeral e de todas as formalidades. Manuel deixou-nos muito bem. Os miúdos terão dinheiro para estudar na capital, quero vê-los formados, bacharéis, e não analfabetos como a mãe. Espero que essa carta chegue logo, te mandarei outra para ser entregue pessoalmente. Terás uma grata surpresa, só espero que saibas aproveitar a oportunidade, não a deixes perder. Tu mereces mais do que ninguém. Gostaria muito que tu não nos esqueceste. Continue a mandar as tuas notícias. Manuel se foi, pobrezinho, mas aqui estou representando a família, continuas sendo um filho para mim.

Tua fiel amiga, Zefa.

24 DE DEZEMBRO

Zefa, minha amiga querida.

Recebi tua carta e que surpresa maravilhosa ela me proporcionou. Quando foram me chamar dizendo que uma senhora muito bonita estava a minha procura, parece que estava para adivinhar o que iria acontecer. Corri feito um louco e quando a vi, ali na minha frente, a minha Eugênia, senti vertigens, só tive forças para pegá-la nos braços, beijá-la desesperadamente, olhar seu rosto, apertá-la com toda força, para saber se era verdade ou sonho o que estava acontecendo. Lucas, que já conhecia dona Eugênia através das minhas pinturas, das histórias do engenho e do amor que sentia por ela, carinhosamente nos acompanhou até a sala. Agarrando sua mão, nos sentamos e só aí Eugênia contou toda a trajetória: o seu amor e as cartas que Zefa trazia para ela ler. Depois da morte de Manuel, tomou-se de coragem, reuniu a família, despediu-se de todos, estava decidida que viria me encontrar. Dando por encerrado o assunto, não aceitou comentários de mais ninguém. Tudo isso aconteceu graças a ti. Vamo-nos casar ainda em dezembro. A família de Lucas é muito católica, são amigos de um padre italiano, que virá celebrar nosso casamento aqui na hospedaria. Todo mês mandaremos celebrar uma missa pela alma do Manuel e pelo bem da tua família. Ponha na cabeça, Zefa, tens dinheiro e nunca é tarde para aprenderes a ler e a escrever. Toma uma educadora particular, podes pagar, que vá a tua casa te ensinar. Sois uma mulher inteligente, verás que nada é um mistério.

Quero que venhas nos visitar, teremos um quarto de hóspedes esperando por ti.

Teu amigo, eternamente grato, Joaquim.

ELAS

Maria Luísa

Maria Luísa, boa moça, viúva, vivia pacatamente em sua casa quando, um dia, recebeu uma carta do vice-rei. Não queria acreditar no que estava escrito naquele papel timbrado, tão bonito e importante. Teria que deixar sua casa o mais rápido possível, d. João estaria chegando com a família, depois de uma breve passagem pela Bahia. Vinha acompanhado de nobres, amigos, serviçais. Explicava a carta que o governo necessitava abrigar todos os ilustres viajantes e aquela era a razão por que estava requisitando os sobrados, as casas escolhidas pela comissão de recepção. Rogava, teriam que colaborar, deixando tudo em ordem: roupas de cama, porcelanas, empregados, cavalos, tílburis, tudo que pudesse trazer conforto a hóspedes tão ilustres. Acrescentava que seriam regiamente pagos, receberiam títulos de nobreza pelo grande sacrifício.

Era uma afronta, um tamanho absurdo, para quem estivesse recebendo semelhante carta.

Maria Luísa, viúva há muito pouco tempo, fragilizada, mal sabia o que fazer com tamanho choque. Sentou-se na primeira cadeira que encontrou e, aos prantos, chamou seu capataz, leu a carta, e em poucas palavras pediu-lhe que resolvesse todos os problemas. Teriam que deixar a casa o mais rápido possível. O capataz tratou de chamar Antônia, escrava predileta e juntos resolveram que partiriam para a Chácara das Flores — a antiga residência dos pais de Maria Luísa, ficava próxima ao alto da Tijuca. Conversaram com Sinhá e, de comum acordo, deixariam apenas o necessário na residência. Aqueles portugueses que estavam chegando para apossar-se da casa que se virassem, pensava seu Chico, o capataz, escravo alforriado que há muitos anos era homem de confiança da família Leitão.

Logo os primeiros baús seguiram rumo à chácara, onde os caseiros estavam a postos. Os objetos de valor, as burras com as patacas de ouro seguiriam com Maria Luísa mais tarde. Quando Sinhá se deu conta, encontrou tudo em andamento. As mucamas trabalhavam como formigas dirigidas por Antônia, que havia muito cuidava de Maria Luísa e dos afazeres domésticos. Levaram quase tudo da casa deixando apenas o estritamente necessário.

Maria Luísa resolveu que responderia a carta do vice-rei, entregando-lhe um inventário com as chaves da casa.

Enquanto Sinhá fazia os rascunhos da carta, Antônia rezava em iorubá, dialeto africano, reza muito forte, fazendo mandingas embrulhadas em folhas de bananeira. Antônia ia rezando e espalhando as macumbas atrás das portas de todos os cômodos do sobrado. Os novos hóspedes, se soubessem dos poderes da velha escrava, nunca aceitariam morar naquela residência. Maria Luísa, sem saber o que estava acontecendo, entregou a carta a eu Chico; quando ele voltasse, partiriam.

Tudo resolvido, viajariam no dia seguinte antes do sol nascer. A pobre, soluçando, partiu nos braços de Antônia sem querer olhar para trás. As mucamas, os baús com os pertences pessoais, as burras bem escondidas, que encheram quase três carros de boi, partiram em direção à Chácara das Flores.

Chegaram depois de uma longa e exaustiva viagem. Maria Luísa, apesar de muito jovem, estava descadeirada com os balanços do carro de boi.

A casa já preparada, o caseiro a postos, tudo seguindo à risca as ordens do capataz. Seu Chico e Antônia esperavam que Sinhá não se lembrasse da tragédia de outrora que ali ocorrera. Afinal, já tinham se passado tantos anos, e era bem pequena quando o capataz fora buscá-la.

Logo, logo, as mucamas prepararam-lhe um banho com ervas escolhidas por Antônia para tirar-lhe o cansaço, e com toalhas de linho perfumadas, Antônia enxugava o corpo e as lágrimas de Sinhá.

Para as pobres escravas, Maria Luísa era tudo que elas mais almejavam no mundo: conhecer um sinhozinho rico que lhes desse alforria, proteção e um futuro garantido. Conheciam muito bem a sua história. Seu Chico gostava de contar, na cozinha, como a encontrara: abandonada, chorando, desesperada, ao lado dos pais que tinham sido brutalmente assassinados por dois escravos fugitivos da fazenda do Rio Seco. Os pais de Maria Luísa eram os antigos caseiros da chácara.

Sinhá Bernardina, antiga proprietária, mãe do futuro marido de Maria Luísa, apiedou-se e acabou ficando com a menina.

Antônia, a velha escrava, tomou-se de amores por Sinhá, tratando-a com todos os mimos e carinhos.

Os escravos assassinos acabaram presos e morreram castigados.

O filho de dona Bernardina, Manuel Leitão, quando se deu a tragédia, explorava minérios em Minas e só veio conhecer Maria Luísa quando ela já era uma meninota muito bonita. Convenceu a mãe de que precisavam dar mais atenção a menina — um absurdo deixá-la jogada na cozinha, aos cuidados de Antônia. Dona Bernardina acatou o conselho sem perceber que o filho estava de olho na sua protegida. Depois de muito perguntar às beatas da igreja da Nossa Senhora do Outeiro, que ficava perto de sua casa, na rua dos Sapateiros, acabou arranjando um padre que aceitou o convite para tornar-se preceptor de Maria Luísa. Muito inteligente, a jovem aproveitou as aulas, aprendendo latim, a tocar piano e a escrever com muita imaginação. Seu preceptor, amigo do padre José Maurício, com o passar dos anos trouxe-lhe novas partituras do grande compositor, que nunca tinham sido tocadas nem nas igrejas mais importantes da colônia. Dona Bernardina, deslumbrada com o talento da protegida, sentava-se na cadeira de balanço comendo docinhos e bolos de fubá e pedia que a menina tocasse para distraí-la nas tardes quentes e vazias.

O filho, Manuel Leitão, nunca imaginou que a paixão um dia o levaria a casar-se com Maria Luísa. O trabalho que herdara do pai o mantinha ocupadíssimo, vendendo e comprando escravos no Valongo. Fazia esse trabalho um tanto envergonhado, odiando o pai por ter escolhido uma profissão tão vil e ter-se tornado o mercador de escravos mais importante da colônia. Manuel fora obrigado a abandonar seu trabalho nas minas em Mariana quando soube do falecimento do pai, e partiu o mais rápido possível para o Rio. Voltou infeliz para casa, mas ao menos herdara uma grande fortuna: a casa da rua do Sapateiro, muito bonita, com varandas em volta, de onde se podia ver ao longe o mar. Herdou também a belíssima Chácara das Flores, que ficara aos cuidados de um casal português, fazendas, uma quantidade imensa de escravos, sem falar nas burras recheadas de patacas de ouro. Fizera o possível para livrar-se do jugo do pai, mas agora teria que voltar e assumir seu posto.

Quem diria que, um dia, Maria Luísa, com a ajuda de Antônia, viria a herdar toda essa fortuna.

Dona Bernardina, encantada com a protegida, acatou de bom grado a decisão do filho de se casar com Maria Luísa. Manuel morria de desejos de possuir tamanha beleza, mas conformou-se em ter que aguardar as núpcias. Maria Luísa logo aceitou quando Manuel lhe pediu em casamento. Se estava apaixonada, não sabia.

Foi tudo muito rápido entre o casamento do jovem casal e a morte de Sinhá Bernardina. A pobre senhora, no dia da festa, tomou um chá feito por Antônia que dizia ser muito bom para acalmá-la, chá esse que não a deixou acordar. Faleceu quinze dias após o casamento. Antônia desejava que sua menina se tornasse a Sinhazinha da casa do Sapateiro, e a moça mais bonita e importante da colônia.

Manuel logo se revelou muito ciumento, só permitia que a mulher saísse para ir à igreja, assim mesmo numa liteira conduzida por escravos bem-vestidos, e acompanhada de suas mucamas.

Desesperado porque a mulher não engravidava, já não sabia mais o que fazer. Então, decidiu que depois do almoço, antes de partir para o mercado do Valongo, também passaria a deitar-se com Maria Luísa. A pobre, pouco interessada, fazia uma encenação para agradar o marido, mas não sentia o menor prazer.

Antônia, revoltada, morria de pena da menina — fazer amor e usar a mulher daquela maneira não seria mais aceitável. Um dia, resolveu acabar com aquilo tudo: preparou uma comida misteriosa, pesada — iguarias raras com muitos temperos. Era um prato especial só para o Sinhozinho. Manuel, feliz, comeu tanto, tanto, que saiu da mesa cambaleando. Mal teve tempo de chamar Maria Luísa, caiu morto ali mesmo na sala. A pobre moça chorou muito, vestiu luto fechado, mas no fundo agradeceu a Deus o sucedido. Já começava a sentir asco daquela relação.

Acordou no dia seguinte já descansada da viagem, não via a hora de saltar da cama para ver os jardins da chácara. O dia lindo estava ali a sua disposição para guiá-la pelas alamedas abarrotadas de flores que esperavam pela volta da menina. Reconheceu os caminhos que outrora percorrera com os pais. Extasiada, contemplava tamanha beleza.

Tudo levava a crer que uma força misteriosa cuidara daqueles canteiros em sua ausência.

Estava feliz. Agora, ninguém poderia tirá-la da Chácara das Flores. Já até esquecera sua casa do Sapateiro, das lágrimas que derramara. A tragédia se apagara de sua memória.

Decidiu que queria fazer as refeições na varanda, admirando a natureza. Costumava sair para passear em meio dos canteiros, nas alamedas imensas de bambu; depois, gostava de ir até o riacho lavar o rosto e jogar-se na relva. Sonhava, não sabia com quem, aquele marido não lhe fazia falta, mas desejava conhecer alguém diferente. Lembrava que o corpo de Manuel cheirava mal, trazia aquele odor do mercado que, por mais que se lavasse, como castigo, aquele bodum não desaparecia.

Maria Luísa fechava os olhos quando se lembrava daquele sofrimento, daquele horror, dos detalhes quando se deitava com o marido. Era um bruto, queria vê-la nua. O olhar voraz se saciava com o seu corpo e, quando não podia mais controlar-se, a dominava com uma volúpia animalesca.

Na verdade, Manuel sempre quis esquecer os escravos do Valongo que chegavam dos navios negreiros, em pele e osso. Traziam no olhar aquela revolta, ódio com o destino que lhes fora tão cruel. Acorrentados, esperavam o leilão que os separaria de suas famílias. Por outro lado, Manuel, quando olhava para a mulher estendida nua na cama, imaginava-a uma escrava do Valongo.

Maria Luísa voltava para casa apreensiva, sem saber o que fazer. Precisava livrar-se do fantasma do marido. Teria que indagar onde encontraria na floresta uma fonte de água cristalina para lavar seu corpo, apagar de vez aquelas lembranças medonhas que a faziam sofrer tanto. Mas, logo, o sorriso vinha-lhe aos lábios, bastava olhar o jardim. Os jacarandás balançavam os galhos delicadamente, balançavam como querendo comunicar-se com a menina.

Inspirada na beleza do colorido das flores dos jacarandás caídas na relva, resolveu fazer algo de útil para melhorar a vida dos seus escravos. Não seria possível continuar só pensando no seu bem-estar. Chegando em casa chamou seu Chico — queria saber quantas crianças moravam na Chácara das Flores. Precisava fazer alguma coisa útil por aquela gente tão sofrida. Decidiu que poderia ensinar-lhes a ler. Sem saber em que encrenca estava se metendo, Maria Luísa colocou os planos em execução. Os donos das chácaras vizinhas começaram a enviar recados desaforados, ameaçadores, não podiam conceber que escravos fossem tratados dessa maneira; dentro de pouco tempo, estariam exigindo mais e mais. Os recados foram ficando tão ameaçadores, que seu Chico aconselhou Maria Luísa a escrever uma carta àquele secretário que tinha recebido as chaves da casa do Sapateiro. Na carta explicaria o que estava acontecendo. Assim se fez. Mal Maria Luísa acabou de fechar o envelope, Chico partiu o mais rápido possível.

Chegando ao Centro foi direto ao Paço Imperial. Ali, ninguém quis recebê-lo.

— É Francisco, um escravo alforriado, com uma carta da viúva Leitão nas mãos... — diziam os funcionários do Paço.

Começaram a chamá-lo de atrevido. Chico ficava horas aguardando na sala de espera que lhe dessem alguma informação. Os dias foram passando, e ninguém para ajudá-lo. Desesperado, lembrou-se da casa do Sapateiro. Quem sabe o fidalgo, que viera com d. João, que ficara morando na casa de Sinhá, pudesse ajudá-lo?

Sem alimentar-se bem há dias, o capataz estava com uma aparência medonha, nem parecia um escravo alforriado que sabia ler e dirigir os negócios da família Leitão. Ao entrar pela cozinha da casa do Sapateiro, os escravos que Sinhá deixara o acolheram muito bem. Falavam sem parar, saudosos, queriam notícias de Antônia, de Maria Luísa, da chácara, e por que Chico estava tão abatido. Depois que souberam das notícias, começaram a contar os horrores que aconteceram devido às mandingas que Antônia deixara. Chico, consciente dos poderes de Antônia, sempre duvidara se dona Bernardina e Manuel Leitão teriam morrido de morte natural. Contaram que só restara, como por milagre, o doutor José Eduardo, gente boa, que os tratava muito bem. Tinham certeza de que o senhor o receberia, mas primeiro se alimentasse e, a seguir, tomasse um banho. Com aquela cara, espantaria até os fantasmas que erravam pela casa.

Tudo organizado, os escravos Ana e Joaquim, sem pedirem permissão ao amo, introduziram Chico à sala de jantar. José Eduardo escutou o capataz. Pediu a carta para ler e imediatamente prontificou-se a ajudar Maria Luísa.

Coitada, pensava, tivera de sair de sua casa, de seu conforto e agora estava a passar por maus bocados. Iria encontrá-la, mas, primeiro, precisava deixar sua vida organizada.

O senhor José Eduardo de Araújo estava encarregado das máquinas da impressora que D. João mandara vir da Inglaterra.

Homem de toda confiança, trabalhando com uma boa equipe, participou do lançamento do jornal *A Gazeta do Rio de Janeiro*. O sucesso foi grande e as máquinas começaram a imprimir panfletos, noticiário e até livros, para a nova Biblioteca Nacional.

Chico ficou impressionado com a gentileza do senhor Araújo. Bonito moço, com um ar romântico, lembrava mais um poeta do que um homem de leis. Seria, sem dúvida, um marido ideal para Sinhá Luísa, desejou Chico.

Com tudo organizado, partiram pela madrugada de uma quinta-feira. José Eduardo foi puxando conversa pela estrada e acabou conhecendo toda a vida de Maria Luísa.

O caminho a percorrer era longo, mas o capataz conhecia todos os atalhos, indo pelas encostas das montanhas da Tijuca. Maravilhado com o cantar dos pássaros, tucanos, araras, que atravessaram seu caminho, José Eduardo louvou a Deus por partir em ajuda de Maria Luísa. Já imaginava a rapariga. A descrição do capataz tinha sido meticulosa. Talvez o amor começasse a brotar naquele momento. Ele também tinha sido infeliz no casamento. Os pais arranjaram-lhe uma noiva abastada, de boa família, e o casamento ocorreu sem amor, por pura conveniência. A mulher era feia, tinha um buço bem cerrado, hostil; o casamento, uma farsa. A morte da esposa foi um alívio para José Eduardo.

O sol já andava alto quando pararam para descansar. Chico conhecia uma pequena cachoeira no meio da mata. Nesse momento, José Eduardo tivera seu batismo em águas brasileiras, puras e geladas. O português, não muito afeito a banhos, mas acabou gostando da experiência. As copas das árvores brilhavam com os raios de sol ao penetrarem nas folhas aveludadas, de um verde-garrafa tão diferente daquele verde-claro que deixara em Portugal. José Eduardo estava precisando desse ar puro para esquecer o mau cheiro das ruas do Rio de Janeiro.

Depois de muita cavalgada, chegaram de manhãzinha. A casa da Chácara das Flores, mesmo naquela escuridão, encantou de imediato o português — ao longe, as varandas e os arbustos floridos que pareciam velar o sono de Maria Luísa.

José Eduardo não quis incomodar a dona da casa àquelas horas do amanhecer. Resolveram que pernoitariam estirados nas cadeiras na varanda.

Maria Luísa, que costumava madrugar, ao abrir as janelas do quarto, espantou-se com Chico e um senhor branco que dormiam profundamente. Logo avisou Antônia e providenciaram uma mesa bem posta para o café da manhã. Maria Luísa ficou espiando pelas frestas da janela, queria ver o despertar daquele homem. Estava curiosa, não conseguia despregar os olhos dos cabelos, da boca carnuda, das botas enlameadas, do corpo jogado, uma perna em cima do braço da cadeira e a outra estendida, relaxada no chão do alpendre. Que homem bonito, pensou. Quem seria esse amigo de Chico?

Logo ficaria conhecendo aquele que seria o primeiro amor de sua vida.

Assim que acordaram, a mando do capataz, Antônia levou o senhor José Eduardo para o quarto de hóspedes onde o esperavam bacias com água, toalhas, e tudo que necessitasse para a sua toalete.

Enquanto José Eduardo descansava, o capataz Chico relatou a Sinhá Maria Luísa os dias que passara no Rio de Janeiro.

Ficasse tranquila, o senhor José Eduardo vinha para resolver os problemas com as chácaras vizinhas. Era um fidalgo importante na corte, saberia o que fazer e, além do mais, era-lhe muito grato pela casa do Sapateiro.

Maria Luísa, sentindo-se mais segura, já sabendo de quem se tratava, queria impressionar. O fidalgo viajara quase um dia, viera em sua ajuda, teria que lhe agradecer a grande gentileza. Não podia aparecer vestida à vontade como costumava andar pela Chácara das Flores. Preocupada, Maria Luísa abriu os baús, os vestidos saíam aos montes, nada de encontrar aquela saia de listras azuis e brancas que lhe caía tão bem. Antônia, que estava presente, num passe de mágica, retirou a saia do baú trazendo também a blusa branca de babados. Agora, só faltava escovar os cabelos, que Antônia o fazia sempre com grande prazer — desta vez caprichou mais, arrematando-os com um laço de fita azul.

— Minha menina está linda, um primor — disse-lhe Antônia.

Maria Luísa, excitada, dava voltas em frente ao espelho, balançava a saia, os cabelos e, antes de sair do quarto, lavou as mãos com uma água preparada por Antônia, perfumada, cheirando a jasmim.

O que continham as mandingas de Antônia, nunca ninguém soube. Era muito bem guardado dentro de caixas de charão.

Maria Luísa resolveu esperar pelo hóspede na varanda. As mucamas já haviam preparado a mesa onde costumava fazer as refeições. Escolheram uma toalha branca bordada, e os pratos mais bonitos que havia, mas o principal eram as comidas gostosas feitas por Antônia — bolo de milho, tapiocas recheadas com coco ralado, frutas dentro de uma gamela de barro e sucos variados. Ela não deixava ninguém chegar perto da cozinha quando preparava as comidas. Só ela tinha esse direito; se precisasse, mandaria chamar as mucamas.

Antônia, ansiosa, esperava pelo desfecho. Os búzios que ela costumava jogar, já lhe tinham contado essa história. Nada era surpresa para a velha Antônia. Vinda da Guiné, dos iorubás, perdera toda a família no navio negreiro, mas, forte, sobrevivera, por ordem do destino, para ajudar Sinhá. Assim ordenaram os seus deuses.

José Eduardo, depois de ter descansado, refeito da viagem, esperava pelo capataz. Queria que ele o levasse até a dona da casa e fizesse as apresentações.

Quando os dois se encontraram, foi como já se conhecessem há muito.

Conversaram bastante, José Eduardo contou-lhe do Real Teatro São João, dos músicos que chegavam da Europa só para apresentar-se na corte, dos pintores franceses que faziam sucesso, e principalmente Debret, seu amigo pessoal, que, entusiasmado, desenhava em pormenores o cotidiano da cidade, seus hábitos e costumes.

— A senhora ficará encantada com o Jardim Botânico, e com o carinho que d. João dedica ao Rio de Janeiro. Precisa voltar a morar na casa que está a sua espera; não pode continuar isolada nesta chácara.

José Eduardo falava sem parar, olhava extasiado para a beleza de Maria Luísa, aqueles olhos meigos, o jeito ingênuo de falar o fascinavam. Quando se deu conta, estava a fazer-lhe quase uma declaração de amor.

Maria Luísa, surpreendida, feliz, tudo escutava; pela primeira vez, uma insinuação de amor. Como é diferente do marido, pensava. Era tanta conversa, que ela nem teve tempo de mostrar-lhe os seus dotes ao piano.

Mais controlado, refeito de tantos arroubos, José Eduardo combinou com Maria Luísa que iria com o capataz visitar as chácaras vizinhas. Ficasse tranquila que, depois das advertências, ninguém ousaria fazer-lhe mais ameaças.

Maria Luísa não cabia em si de tanta felicidade. Aguardou José Eduardo, contando os minutos que faltavam para o jantar. Toda de branco, os cabelos presos por uma fivela de madrepérola, impaciente, foi ao seu encontro no jardim. José Eduardo, que estava admirando os jacarandás em flor, ficou emocionado ao vê-la.

Os fluidos de amor que Antônia lançara sobre o casal tiveram um efeito mais rápido do que o esperado.

Segurando-lhe as mãos, sem conseguir dizer uma só palavra, beijou-as apaixonadamente. O destino estava traçado.

Depois do jantar foram assistir às danças, ouvir os cânticos e os batuques dos escravos que estavam reunidos no terreiro para saudar o ilustre hóspede de Sinhá.

José Eduardo não tinha vontade de voltar para o Rio de Janeiro. Queria ficar para sempre naquele lugar, enfeitiçado de amor. Mas precisava partir e tentar convencer sua amada a voltar para a casa do Sapateiro.

Depois da exibição dos escravos, caminhando e admirando os jardins iluminados por tochas, passaram em baixo dos jacarandás em flor. Ele tomou-se de coragem e pediu-a em casamento. Ali, imóvel, enfeitiçado, soltou-lhe a fivela dos cabelos e começou a beijá-los. Abraçava Maria Luísa, beijava seu rosto, seu pescoço e, bem devagar, bem devagar, chegou aos lábios também impacientes, ansiosos por aquele beijo.

José Eduardo partiu no dia seguinte levando a certeza de que se casariam dentro de seis meses. Maria Luísa ficou triste, desolada, mas sentia-se compensada com a ideia de que iria encontrar seu amado no Rio.

Decidiu que a Chácara das Flores ficaria nas mãos dos caseiros, Maria e Joaquim, que souberam zelar e cuidar muito bem por tanto tempo. Antônia não admitia trabalhar com os que não fossem de sua raça, por isso os portugueses tiveram de se manter afastados da residência.

Os preparativos para o retorno foram bem diferentes. Deixaria a chácara bem organizada, tinha certeza de que voltaria com José Eduardo depois do casamento. Já se imaginava nos braços do amado, admirando seus jardins encantados, os jacarandás em flor.

José Eduardo, que voltara acompanhado de dois empregados de total confiança de Maria Luísa, ao chegar à casa do Sapateiro encontrou uma carta do Palácio. Um envelope enorme, timbrado com as armas da Casa Real. Ficou aflito para saber do que se tratava. Fechou-se no escritório, sentou-se na cadeira ao lado da mesa de trabalho e, com uma espátula, abriu o envelope. Pálido, só teve tempo de pedir a carruagem e partir em seguida. Ordenou aos empregados que vieram com ele da chácara que esperassem por sua volta. José Eduardo, aflito, se corroía de expectativa. Seria a volta a Lisboa? E o que dizer a Maria Luísa? Acreditara realmente no seu pedido de casamento? Sentado na antessala esperou por horas que o chanceler o recebesse.

Fechava os olhos e via sua amada toda de branco, linda, perdidamente apaixonada. Sentia ainda seu perfume, um perfume que havia penetrado em sua pele, que já o seduzira, que o fizera prisioneiro de sua imagem: aqueles cabelos negros, sedosos, olhar meigo e aquela boca carnuda, molhada, sensual, tão sedenta de amor. José Eduardo sabia que a paixão já se apossara de sua alma, do seu corpo; estava preso para sempre.

Os perfumes que Antônia preparava ficariam para o resto da vida.

José Eduardo, ao sair do Palácio, trazia ordens de deixar o Rio de Janeiro no navio inglês que só estava esperando por ele para partir rumo a Lisboa. Desesperado, levando uma maleta cheia de papéis com as ordens que deveria executar, só pensava na carta que escreveria a Maria Luísa. Teria que lhe explicar muito bem as razões de sua partida e dizer que o esperasse na casa do Sapateiro. Viria buscá-la, ou ela iria ao seu encontro acompanhada de Antônia. As razões eram sigilosas, pouco poderia contar-lhe, mas ela precisava confiar em seu amor. Quando sua carta chegasse à chácara, ele já estaria longe, em mar alto. Pedia que procurasse o pintor Debret, seu amigo, e encomendasse um retrato, vestida com aquela saia de listras azuis e aquela blusa branca, e que não esquecesse da fita nos cabelos. Queria guardar sua imagem como a vira pela primeira vez. Beijava-lhe as mãos e suplicava que não o esquecesse, que confiasse em sua palavra.

Quando os escravos chegaram com a carta de José Eduardo, Sinhá, que estava se preparando para partir, foi abrir o envelope embaixo dos jacarandás. Maria Luísa desatou num choro convulso como no dia em que a menina encontrara os pais ensanguentados na relva. Antônia, o capataz Chico, as mucamas, os escravos todos correram a socorrê-la.

— O que estaria acontecendo com a minha menina — perguntava a preta de Guiné, das terras dos iorubá.

Quando souberam da carta, ficaram tristes, teriam que consolar Maria Luísa. Tudo se resolveria, era questão de tempo. Antônia, enlouquecida, foi jogar os búzios no terreiro, rodeada de escravos. Enquanto jogava eles cantavam aquelas tristes cantigas africanas, num dialeto que só eles compreendiam. Finalmente, os búzios desvendaram o mistério: o amor de José Eduardo teria que ser muito forte, um amor verdadeiro. As ervas enfeitiçadas de amor, que colocara na sua comida, não durariam muito tempo longe de sua amada.

Antônia voltou para levar Maria Luísa ao quarto. Teria de animar sua menina, tudo se resolveria nem que ela tivesse de pedir perdão à dona Bernardina, Manuel, e à defunta mulher de José Eduardo. Qualquer coisa para que aquelas almas penadas não fizessem a menina sofrer.

Maria Luísa, com compressas na cabeça, não conseguia levantar-se. Sentia-se fora do mundo. Prostrada havia dias, preocupava a todos que rezavam a seu lado.

Antônia não saía do terreiro, eram macumbas e outras rezas fortes. Por toda a casa, pelo terreiro, sentia-se um cheiro muito forte de enxofre, que vinha da fogueira. Antônia jogava-se no chão, em transe, estrebuchando, uivava de dor, ninguém sabia bem o que estava se passando. Vozes esquisitas saíam de seus lábios: ora uma voz de homem, ora de mulher. Ficou assim muito tempo, alguns acharam que estava delirando, outros que estava morrendo. De repente o cheiro de enxofre desapareceu. Antônia, refeita como se nada tivesse acontecido, foi ao encontro de sua menina. Ao entrar no quarto, Maria Luísa estava tomando um caldo.

— Antônia, onde você estava? Precisamos preparar os baús. Vamos partir o mais rápido possível. Preciso encomendar meu retrato ao senhor Debret para mandá-lo para José Eduardo. Não se esqueça de levar a saia azul de listras com a blusa branca de babados.

— Milagre — diziam todos.

— Foi Antônia — dizia seu Chico —, tenho certeza que foi Antônia — repetia ele.

Até então nunca se conhecera nas histórias de amor desfechos tão repentinos, tão rápidos, como os de Maria Luísa e José Eduardo, que logo conseguiu voltar de Lisboa para ficar de vez e morar com sua amada na Chácara das Flores.

Zuleika

Arthur, distraído, pensando na vida, degustava o vinho recomendado pela garçonete, boa safra, e o mais importante, preço excelente. Entre um gole e outro se distraía, passando o olhar despercebido pelo restaurante. Gostava de observar e criar verdadeiras histórias em volta de casais, de velhas senhoras falantes e algum solitário como ele. Num dado momento, fixou o olhar na mesa não muito distante da sua — levou um susto, não era possível. Bebeto, amigo de longa data, bem ali na sua frente. Rejuvenescido, mandando brasa pra cima daquela mulherzinha que vivia de restaurante em restaurante, tentando filar um almoço com o primeiro que caísse em sua conversa. Ria, só de pensar que o cretino embarcara direitinho na lábia daquela trambiqueira. Acenou, mas Bebeto não o reconheceu. Graças a Deus que sua barriga estava escondida, sua fatídica barriga; a careca era impossível de ocultar. De óculos escuros, estava realmente irreconhecível. Uma merda. O amigo continuava o mesmo, um tremendo pegador, comendo tudo que passasse pela frente. Sempre fora assim, e não iria mudar com a idade. Mas o que mais o afligia era ver Bebeto tão conservado.

Gostaria de saber o que fizera para estar tão bem. Já ia longe a época em que tocaram no Bola Preta. Ele na bateria e Bebeto no contrabaixo. Não dava para esquecer, aquele tempo fora muito especial. Metiam-se em cada trapalhada e, para variar, sempre havia mulher no meio. Perderam-se de vista depois daquela briga feia na calçada do cabaré. Só podia ter sido por mulher, e justamente a do patrão, dono do bar, que os dois disputavam.

Todas as noites, depois do trabalho, tiravam par ou ímpar para saber com quem ficaria Zuleika e, no sorteio, entrava também o quarto que dividiam na Lapa. Zuleika, mulata ordinária, belíssima, dona de um corpaço deslumbrante, os enlouquecia de desejo. Como sabia que o marido seria o último a fechar o bar, contavam com as noites livres para se divertir. Assim foram levando por muito tempo. Enfim, Bebeto caiu de amores pela mulata. Quando tiravam a sorte, invariavelmente o amigo dava um jeito de ganhar. Zuleika foi crescendo em beleza e esperteza. Aproveitando-se da dor de garganta da cantora do cabaré, forçou o marido a dar-lhe o cobiçado lugar. Foi um tremendo sucesso. A danada tinha uma ótima voz, redonda, afinada, e sabia de cor o repertório da cantora. Foram tantos aplausos que o marido não pensou duas vezes, demitiu a cantora deixando-a no seu lugar. Para a tristeza dos amantes, Zuleika tornou-se uma *star* da noite pro dia e passou a não querer mais nada com eles. Agora era papa fina, só gringo com muito dinheiro. Acabou ficando conhecida como a Maysa dos pobres.

Arthur e Bebeto tocavam para ela cantar, mas o relacionamento terminou. No final do espetáculo, ela descia para o bar e adeus Zuleika. A mulata foi ficando insuportável, e a desgraça era ver Bebeto definhando, tornando-se um esponja sem solução. Às vezes, se não tivesse uma branquinha ao seu pé, esquecia até das músicas. Zuleika, nessas horas, fuzilava-o com o olhar atravessado, virava-se e dava-lhe um ligeiro pontapé. Era um horror. Dava pena olhar para Bebeto.

Uma noite, depois do show, os dois amigos encontraram Zuleika na calçada aos beijos com um gringo. Bebeto não teve dúvida, jogou-se pra cima de Zuleika aos tapas, chamando-a de vagabunda e, aos berros, xingava o patrão de proxeneta, corno, frouxo e por aí foi. O gringo, apavorado, se mandou. Os seguranças caíram em cima de Bebeto, baixando-lhe o cacete. Uma calamidade. Bebeto, indefeso, encolhido, levava pancada de todo lado. Arthur, desnorteado, não conseguia fazer nada.

— Reaja, Arthur, tome uma atitude — gritava Zuleika —, você é um covarde, um pulha.

Com essa gritaria, conseguiu afugentar os seguranças.

Bebeto, bastante machucado, levantou-se com muita dificuldade. Depois dessa confusão, o relacionamento mudou entre os dois. Finalmente, Zuleika conseguiu terminar com aquela amizade.

Depois de tantos anos, lá estava ele todo fagueiro, almoçando com aquela magricela. O amigo tinha um pendor para gostar de trambiqueiras, mas aquela história de não o ter reconhecido, não ia ficar assim não. Levantou-se e foi até a mesa do amigo. Sorridente, muito amável, foi-se chegando, chamando o amigo pelo nome.

— Ora ora, vejam só, Bebeto, você por aqui. — Abaixando-se, foi falando perto do seu ouvido: — O amigo não mudou o gosto por trambiqueiras.

O rapaz, que não se chamava Bebeto, levou um susto enorme com aquele vulto falando ao pé do seu ouvido.

— O senhor deve estar fazendo confusão com o meu pai, eu me chamo Arthur.

Arthur, impressionado com a semelhança do rapaz com o pai, foi se apresentando:

— Coincidência, eu me chamo Arthur e fui um grande amigo de seu pai.

— Você é o Arthur, o famoso pulha? Papai adorava contar suas histórias quando tocavam no Bola Preta — falava o rapaz todo sorridente.

Arthur, sem saber o que dizer, muito sem graça ficou sabendo que Bebeto já tinha partido desta para uma melhor. Despediu-se.

Sorrateiramente ele foi se afastando com aquele pulha na cabeça.

A moça de branco

Meu caro amigo Luís, você nem imagina o sufoco pelo qual passei. Caí na loucura de organizar na casa de meu avô, uma festa para comemorar o Dia das Bruxas. Queria impressionar Branquinha, uma gatona linda, que conheci há muito pouco tempo — caprichei nos mínimos detalhes. Meu avô, aquele cara simpático que você conhece, logo concordou dando-me carta branca. Apenas exigiu que retirasse da casa os objetos de valor, os tapetes, e foi só. Com a ajuda de Roberto, que agora se dedica a organizar festas para a grã-finada, fizemos uma lista de tudo que uma festa de bruxas exigisse. Imagine você que até corujas de verdade conseguimos alugar e colocar presas em lugares bem estratégicos do salão; abóboras esculpidas com aquele sorriso sardônico com velas acesas; o gelo seco que deixou o ambiente todo esfumaçado, a neblina era tanta, que mal se viam as pessoas; barba de velho caindo pelos móveis, pela escadaria, por todos os lados. Cobrimos os sofás com panos de veludo preto. Mulheres vestidas de cigana circulavam se oferecendo para tirar a sorte, bruxas de chapéu bem maquiladas com aquele nariz enorme, torto de dar arrepios. Até um grupo vestido de fantasmas foi contratado e, para completar, a música cigana tocando sem parar.

Para o toque final, alugamos muita coisa engraçada, esqueletos que colocamos sentados nas cadeiras e uma caveira que ficava exposta numa das mesas da sala de jantar. O dono da loja nos pediu muito cuidado e atenção com aquela caveira, nos fez deixar um bom dinheiro de depósito. As corujas impressionaram os convidados com seus olhos esbugalhados, aquela fumaça que saía do gelo seco deu um ambiente misterioso à festa. O serviço foi perfeito, comida e bebida rolaram à vontade.

Enfim, meu caro, diverti-me como um doido, não só com Branquinha, mas com muitas outras gatonas também. A festa terminou às sete da manhã e, mesmo assim, os seguranças ainda tiveram que mandar muita gente embora. Sucesso. Sucesso absoluto. Mas aí, quando no dia seguinte fomos levar o que alugamos, faltava a peça principal: a caveira. Foi uma loucura, procuramos por toda a casa, atrás dos móveis, nos jardins e nada. A caveira tinha sumido, evaporado. As corujas foram devolvidas em ordem, nenhuma sucumbiu ao barulho da música, mas onde estava a caveira? Meu amigo Roberto ficou desesperado, ele não podia faltar ao compromisso com o dono da loja, estava sempre alugando coisas dali para enfeitar suas festas, era o que havia de mais original no mercado.

Então, tive a infeliz ideia de ir ao cemitério do Caju e pedir ao jardineiro que cuidava do túmulo de nossa família que me arranjasse uma caveira, pagaria o que ele me pedisse, mas tinha que ser naquele dia. Ficaria esperando pela encomenda no bar da esquina. Só sairia dali com a caveira debaixo do braço. Entreguei-lhe uma caixa para que a colocasse bem embalada e, principalmente, limpa. Assim se deu. Fomos entregar finalmente tudo que havíamos alugado.

Seu Joaquim, o dono da loja, logo reconheceu que aquela caveira não era a que ele tinha alugado. Fomos obrigados a contar-lhe o sucedido. Seu Joaquim quase teve um enfarte, aquela caveira era de estimação. Depois de muitos gritos, escândalos, fomos obrigados a deixar o depósito. Mesmo assim, saímos aliviados.

Infelizmente o nosso alívio não durou muito tempo. Logo, seu Joaquim começou a nos telefonar contando que coisas estranhas estavam acontecendo na sua loja. Os objetos mudavam de lugar, às vezes encontrava tudo jogado no chão da loja. Os empregados começaram a ficar com medo dos gemidos que escutavam, enfim, pedia que fizéssemos alguma coisa. Acabou nos contando que, depois de fazer desaparecer a caveira da loja, ela voltou a ocupar a mesma prateleira. Seu Joaquim estava desesperado, refém da caveira.

Foi aí que tive a brilhante ideia de ir ao mosteiro de São Bento procurar por um frade, muito conhecido que praticava o exorcismo. Telefonei, e depois de tudo combinado, mandei-me para o mosteiro. Antes de ir à secretaria, resolvi entrar na igreja e pedir perdão a Deus. Naquela penumbra, ajoelhei-me e rezei sem antes perceber que uma mulher vestida de preto, a cabeça toda coberta, rezava ajoelhada bem perto do altar. Estava tão contrito que não me dei conta quando ela veio e ficou ajoelhada bem na minha frente. Apavorado, todo arrepiado, um ar gelado entrou pelo meu corpo, tomou conta da minha espinha. Sai dali direto para a secretaria. O frade já estava me esperando.

Depois de contar toda a história, fomos procurar por aquela mulher de preto — ninguém, não se via ninguém. O frade logo me convenceu que tudo era pura imaginação de minha parte.

O táxi que me levou ao mosteiro nos esperava no pátio da igreja — fomos direto à loja do seu Joaquim pegar a caveira e levá-la de volta ao cemitério do Caju. Ali chegando, procuramos pelo jardineiro, meu conhecido. O pobre ficou sem saber o que fazer, exigimos que nos levasse direto ao coveiro que lhe havia dado essa bendita prenda, ele teria de devolver a caveira ao seu justo lugar. O frade, muito sério, rezava todo o tempo em latim. Quando finalmente a caveira chegou ao seu destino definitivo, o frade ajoelhou-se, rezou alto, gritou, contorceu-se em transe, era um outro homem. Suando muito, acabou dizendo que tudo fora concluído — a alma estava finalmente em paz.

Quase saindo do cemitério, vimos uma moça toda de branco com a cabeça coberta, dirigindo-se para onde havíamos deixado a caveira. O frade pegou-me pelo braço e, rezando bem alto para a moça escutar, fomos nos distanciando até chegarmos à porta da entrada do cemitério.

Luís, você nem calcula os maus momentos que passei. Roberto ficou de cama durante uma semana e nunca mais foi à loja do seu Joaquim. Não quero, nem por sonho, pensar em outra festa. Fiquei sem ir à casa de meu avô por muito tempo e, quando apareço por lá, o faço com muito constrangimento. Estava ansioso para contar essa história para você. O mais interessante: estou pensando seriamente em tornar-me monge. O que acha da ideia? Escreve-me logo que tiver tempo.

Do amigo, Carlos Alberto.

Sílvia

Quando me lembro que vim morar na casa de meu irmão há mais de dez anos, nem acredito que o tempo tenha passado tão rápido.

Nem sei como consegui, a princípio, adaptar-me a essa casa tão desorganizada. A verdade é que estava muito necessitada e meu irmão foi praticamente obrigado a me acolher.

Durante anos, tomei conta dos meus pais, sacrificando boa parte de minha vida, de minha juventude. Quando eles se foram, meu irmão Paulo, não teve outra alternativa se não me convidar para vir morar com sua família. Foi quase um ato de caridade. Que dificuldade conviver com aquela família tão confusa, com aqueles meninos que brigavam e se atracavam por qualquer motivo, e comer o que a empregada colocava na mesa. E concordar com tudo e com todos. A princípio, pensei que fosse enlouquecer. Dormia no quarto de minha sobrinha Lúcia, nome que eles pronunciavam à italiana, menina mimada que mal falava comigo. Ficou furiosa por ter sido obrigada a dividir o seu quarto.

Cheguei cabisbaixa, com um ar infeliz, traumatizada por ter sido obrigada a deixar minha casa e trazer apenas o que me restou: uma malinha e uma caixa com meus livros preferidos — as outras coisas, fui obrigada a vender com os móveis para pagar parte das dívidas que meus pais deixaram. E, além disso, não queria chegar com tralhas nas costas.

Minha cunhada Sílvia era uma boa pessoa. Acolheu-me com carinho, deixando-me à vontade em sua casa. Às vezes, depois do jantar, eu ficava a ouvi-la falar por horas — queixava-se da vida, do seu trabalho cheio de responsabilidades, do meu irmão, da sua situação financeira, da falta de amor, enfim, era um rosário de lamentações. E o pior é que a pobre estava coberta de razões.

Sílvia trabalhava numa empresa importante; era obrigada a ler relatórios sigilosos, imensos, e depois dar o parecer. Voltava para casa exausta, já tarde, depois de enfrentar um tráfego sempre congestionado. Quando chegava, ia direto à cozinha para ver o que Isaura, a empregada, tinha deixado para o jantar. Dava para se notar sua ausência à mesa. A sopa, mais parecia um mingau de tão grossa, o arroz supercozido e a carne, que não variava, era sempre a mesma do almoço. Comíamos em silêncio e os meninos não viam a hora de se retirarem da mesa para jogar os famosos games no computador.

Estava tudo errado naquela casa, e eu, por me sentir uma intrusa, não tinha coragem de opinar sobre nada. Lembrava-me, com saudades dos nossos pais, das refeições tão harmoniosas e do prazer que tínhamos com a comida que encontrávamos à mesa. Aquelas sopas deliciosas, perfumadas, que chegavam fervilhando dentro da terrina azul, dos assuntos sempre interessantes e inteligentes que papai trazia do trabalho. Que diferença daquele ambiente da casa do meu irmão. Não podia compreender por que Paulo não tinha sabido dar bons modos aos filhos.

Calada, engolia aquela gororoba e me sentindo culpada por não ter coragem de ajudar Sílvia nos afazeres da casa. Minha pobre cunhada, sem forças, sem vontade de ir para a cozinha, aceitava tudo que Isaura deixasse para o jantar. Cansada, só pensava no dia seguinte e nos relatórios que tinha de ler. Meu irmão, com uma cara de poucos amigos, praguejava, os meninos batiam com os talheres nos pratos, comiam tudo e não reclamavam porque não conheciam comida melhor. Quando terminava o sacrifício do jantar, ajudava minha cunhada a retirar os pratos da mesa. Depois sentávamos na cozinha e lá vinha a pobre Sílvia com as suas lamúrias.

E assim os anos foram se passando, eu envelhecendo, os meninos crescendo e Sílvia, só ela, sem que ninguém se desse conta, foi mudando. Um dia a encontrei mais perturbada do que nunca. Lavava os pratos sem dar uma só palavra; e fazia aquele trabalho maçante com resignação, calada, sem perceber minha presença. As suas choradeiras, as suas lamentações, me faziam falta. Era bom conhecer alguém mais infeliz do que eu.

Sílvia, a minha aliada na dor.

O que estaria acontecendo com aquela criatura? Haveria de saber... Tentava puxar uma conversinha, mas Sílvia, relutante, estava longe, muito longe daquele ambiente.

Uma noite Sílvia não voltou para casa. Ficamos todos preocupados. O que teria acontecido? Ninguém sabia o telefone do seu trabalho; não se conhecia nada de sua vida. Paulo, muito abalado, resolveu ligar para a polícia. Ficaram impressionados com a falta de detalhes, de interesse, não podiam compreender como meu irmão, em anos de convivência com a mulher, não sabia sequer o nome da empresa para a qual Sílvia trabalhava, quanto mais o telefone...

Sílvia havia evaporado.

Resolvi procurar nas suas gavetas algum detalhe que me desse uma pista, alguma coisa do seu paradeiro. Acabamos encontrando no banheiro, bem em cima da pia, um envelope fechado com meu nome em letras bem grandes "ZUCA". Depois de nos olharmos apavorados, peguei o envelope e, sem saber o que fazer, o entreguei nas mãos do meu irmão. Furiosamente, ele foi rasgando as beiradas do envelope, quase adivinhando do que se tratava. Sentou-se lívido e, quase desfalecendo, deu-me a carta para ler.

Sílvia, em poucas palavras, pedia que tomasse conta dos seus filhos, do meu irmão e da casa. Um dia voltaria para explicar o que acontecera. Não dava mais para suportar a vida que estava levando, pensou até em se matar, mas reagiu corajosamente, tomando essa atitude para o bem de todos. E nada mais... Assinou simplesmente: Sílvia.

Ficamos ali parados naquele banheiro minúsculo que mal dava para uma pessoa. Não contaríamos nada para os meninos, que já não eram mais crianças, diríamos que sua mãe tinha ido a Belo Horizonte resolver uns problemas da empresa. Como Paulo esquecera completamente a conversa da véspera, ficou atordoado com a sua ausência.

— Meninos, sua mãe está muito bem, eu é que tenho uma cabeça de vento, como foi possível esquecer uma coisa dessas, estava tudo combinado...

Até hoje não sei se os meninos engoliram tamanha mentira. Os dias foram passando e ninguém mais falava no nome de Sílvia.

Pouco a pouco me senti na obrigação de tomar conta da casa. Paulo todos os dias deixava na mesa da cozinha o dinheiro para as despesas. Quando dei por mim, estava dominando a casa: ensinando Isaura a trabalhar, me metendo na vida dos meninos, nos seus horários, dando limites à mesa e, assim, fui colocando minhas manguinhas de fora. Em pouco tempo já dominava a situação da casa de Sílvia e tudo caminhava da melhor maneira possível.

A Zuca que ali chegara já não existia mais, eu era uma outra mulher. Tinha me apossado daquela casa, de seus habitantes e tudo girava como eu queria; até a empregada havia aprendido a cozinhar. Uma sopeira parecida com a da nossa mãe foi encontrada em um dos armários de Sílvia. À mesa tudo tinha mudado. Isaura pouco a pouco foi se habituando com as novas normas, os meus sobrinhos voltavam mais cedo e esperavam com calma pelo jantar, que transcorria na melhor paz do Senhor.

Paulo nunca mais falou no nome da mulher. Ele que nunca se interessara pela vida de Sílvia, parecia tê-la esquecido completamente.

Depois de todo o trabalho que tive em organizar aquela casa, dar limites aos meninos, praticamente domesticá-los quando tudo parecia tão bem, me chega aquele telegrama. Senti um frio, um pavor só de saber que Sílvia estaria por perto. Sentei-me na primeira cadeira que encontrei e, cuidadosamente para ninguém perceber, abri o telegrama que dizia:

"Querida Zuca, estou voltando muito em breve. Tudo resolvido. Aguarde telefonema. Segredo absoluto. Não conte nada para Paulo. Sílvia."

Que horror, não podia acreditar naquelas palavras. Resolvi definitivamente não contar nada a ninguém. Saí correndo, rasguei o telegrama em pedacinhos e coloquei tudo no vaso sanitário. Dei várias descargas e olhei bem para ver se não tinha ficado nenhum papelzinho. Os assuntos de Sílvia sempre se resolvendo no banheiro.

Todos notaram que eu estava muito calada e triste. Perguntaram-me várias vezes o que tinha acontecido.

Agora Lúcia me tratava de outra maneira. Conversava muito comigo, falava das briguinhas com o namorado, dos seus deveres na escola e eu sabia escutá-la muito bem, como fazia com a sua mãe. Tentava ser uma tia amiga, carinhosa, dando-lhe os melhores conselhos. Sem prática na vida, sem nunca ter conhecido os problemas da menina, mal sabia o que dizer, mas falava-lhe com o coração.

Ricardo, um ótimo rapaz, tinha ficado muito amigo do pai, um pouco rebelde para estudar, mas nada que não se desse um jeito. Ainda não tinha encontrado uma namoradinha. Às vezes era ele quem vinha me dar conselhos:

— Tia, você precisa ser mais vaidosa, vestir-se de maneira mais moderna, cortar os cabelos, você ainda é jovem, bonitona, quem sabe se ainda não vai encontrar um namorado?

— Menino, esquece, tira isso da sua cabeça. Sua tia não pensa mais nessas coisas...

Mas a ideia me ficava. Eu ia me olhar no espelho e me imaginava com os cabelos cortados, um vestido novo, um pouco de batom nos lábios, uma maquiagem leve, e já me via outra pessoa. Valeria a pena? Mas logo continuava com os meus afazeres domésticos — já era bom demais ter encontrado aquela família, ter ocupado o lugar de Sílvia.

Agora aquele telegrama...

Foi assim que o meu drama recomeçou. Vivia grudada ao telefone esperando uma chamada de Sílvia. Passaram-se dias, até que numa terça-feira tocou o telefone, era Sílvia.

— Zuca, sou eu, Zuca, responde. Preciso lhe falar em particular. Vamos nos encontrar no cemitério São João Batista, no túmulo de seus pais. Estarei lá amanhã às dez horas em ponto. Não esqueça de levar flores.

Não conseguia nem falar. Concordei com tudo e disse que amanhã estaria lá às dez horas em ponto. Coloquei o telefone de volta no gancho e fiquei imóvel sem saber o que fazer. Que mistério seria aquele de Sílvia? Por que o cemitério? O que estaria acontecendo com aquela desgraçada? Desgraçada sim, ela que não tinha sabido cuidar de sua casa, de sua família.

— Por que logo agora você foi voltar, Sílvia? Por quê?

Às dez horas em ponto eu estava enfeitando o túmulo dos meus pais e esperando Sílvia que não chegava. Nervosa, olhava o relógio e também para os lados, apavorada — frequentar cemitério nos dias de hoje era um perigo. Há quantos anos não aparecia por lá, olhava o túmulo de Sally, vizinho ao nosso. Não sei como a Santa Casa não havia se apoderado desse túmulo abandonado. Lá estava o rosto de Sally, esculpido na lápide, sorrindo para a eternidade, 1901-1922. Como morrera jovem!

Sílvia chegou afobada, olhando para os lados, como se estivesse fugindo de alguém. Toda de preto, escondida dentro de um guarda-chuva, vinha trazendo um ramo de dálias amarelas. Nos olhamos, nos abraçamos.

— Zuca, não me olhe dessa maneira. Você nem sabe o que me aconteceu... Não pense que fui eu que escrevi aquela carta. Há tempos ao ler aqueles relatórios, vi que algo de muito errado estava acontecendo naquela empresa. Imagine você, que descobri que um laboratório estrangeiro muito importante estava se infiltrando nas nossas florestas do Amazonas, pesquisando e ao mesmo tempo patenteando tudo o que encontravam. Um verdadeiro roubo. Haviam descoberto que da casca da alamanda, poderiam extrair o remédio para a cura do câncer e de várias outras doenças. Praticamente já existe um exército de biólogos espalhados na nossa selva, acompanhados de laboratórios superequipados realizando experiências secretíssimas. Os políticos dessas cidades estão ganhando milhões para permitir que esses cientistas estrangeiros registrem tudo que encontram, sem a menor dificuldade.

Zuca, eu não podia compactuar com aquela ladroagem e fui denunciar ao presidente da companhia. Quando cheguei no seu escritório com toda a papelada, os comprovantes, dos milhões que os políticos estavam ganhando para permitir toda essa espionagem, eles não me deixaram mais sair da sala. Fiquei praticamente presa por horas, depois fui obrigada a escrever aquela carta para você, e caso não o fizesse, mandariam sequestrar um dos meus filhos. Imagine que o presidente da empresa está envolvido nessa tramoia. Deram-me 24 horas para desaparecer do mapa, entregaram-me uma quantia em dinheiro e ficou combinado que todo mês entrariam em contato comigo para que eu continuasse a assinar os relatórios, dando o meu parecer como se nada tivesse acontecido. Até hoje não sei por que não me eliminaram. Mandaram-me para Mauá. Estou numa pousada, com outro nome: Sônia Mattoso, disfarçada de escritora. Uma vez por mês, minha editora manda alguém do Rio com material para fazer a revisão de meus trabalhos. Uma mentira bem tramada; assino toda a papelada com o meu parecer; em troca, não fazem nada com os meus filhos. Tenho acompanhado pelos jornais o sucesso das ações desse laboratório e dos medicamento que estão lançando. Tudo isso seria nosso, se não fosse a ladroagem dos nossos políticos que deixam essas empresas atuarem livremente em nossas florestas. Zuca, eu estou sendo forçada a colaborar! Mas se eu fizer alguma coisa, tenho medo, eles poderão sequestrar meus filhos.

Fiquei olhando para Sílvia com muita pena. Mas era ela ou eu.

— Sílvia, você está agindo muito bem, não se aflija. Você e Paulo nunca foram felizes, muito pelo contrário, nem se falavam. Os seus filhos já se conformaram há muito com a sua ausência e nunca mais perguntaram por você. Caso você apareça, poderá acarretar numa tragédia, não faça isso. Tenha equilíbrio. Dizem que Mauá é uma beleza. Aproveite, refaça a sua vida, tente encontrar alguém que goste de você.

Sílvia, vendo a frieza de Zuca, despediu-se e foi embora, desaparecendo em meio aos túmulos.

Ainda fiquei parada, olhando para o túmulo de Sally, como querendo um conselho, uma ideia para resolver aquele problema. Sílvia não iria destruir tudo o que eu havia conseguido. Não diria nada em casa, guardaria segredo absoluto. Lembrei daquele número de telefone que havia encontrado numa carteira de Sílvia. Tentaria ligar de um telefone público, longe de casa, para que não desconfiassem de onde estava fazendo a ligação. Fui sabida, coloquei um papel celofane no aparelho e liguei.

Sabia que estava sendo canalha, sórdida, mas assim mesmo resolvi dedurar Sílvia para a empresa, me passando por jornalista. Desliguei o telefone e não quis saber de mais nada. Sem remorso fui para casa esperar a família que não era a minha, era a de Sílvia.

No dia seguinte, quando liguei a televisão, os noticiários só falavam da morte de uma escritora chamada Sônia Mattoso: um acidente fatal envolvendo um veículo que subia a serra para Mauá, chocou-se contra um caminhão.

Aliviada, desliguei a televisão.

Benedita

Não podia compreender a razão daquele ritual selvagem. Quando chegavam com as galinhas na cesta, já sabia que teria de me isolar. Tínhamos uma cozinheira que adorava matar galinhas, preparava o quintal com jornais para que o sangue que espirrasse da goela não sujasse o cimento, trazia o prato fundo de ágata que ficava em baixo do pescoço da vítima. A cozinheira, que se chamava Benedita, tomava uns tragos de cachaça, colocava um avental desses bem compridos, um turbante na cabeça e lá ia com um facão enorme, bem afiado, escolher uma das galinhas para degolar. Fazia isso com um prazer imenso, podia-se ver que seu rosto se transformava, resplandecia ao se tornar um carrasco de galinhas. Tratava de afiar ainda mais o facão numa pedra especial que tinha guardado para essas ocasiões. Pegava a galinha, colocava-a no cimento em cima dos jornais, com os pés prendia as asas, com um golpe cortava apenas metade da goela. A galinha se debatia, o sangue escorria lentamente no prato que já estava com três colheres de vinagre. Os olhos de Benedita resplandeciam; com a outra mão, ia batendo com um garfo o sangue que, ao se misturar com o vinagre, ganhava um tom amarronzado. Um horror de espetáculo. A primeira vez que presenciei, fiquei traumatizada sem conseguir me mover. Tive vontade de defender a galinha e não fiz nada, fiquei olhando a pobre se debater até se exaurir de dor e cansaço. Depois de muito vomitar, envergonhada com a minha covardia, fui tomar satisfações com minha mãe:

— Como era possível permitir que Benedita fizesse uma coisa dessas?

Fiquei revoltada com a sua indiferença.

— Era assim mesmo — respondeu-me —, não existe outra maneira de se matar galinha. Você vai acabar se acostumando, nem vai mais ligar, deixa de história, menina.

Mas não era só matar a galinha, era o prazer, aquela cara de gozo, aqueles olhos úmidos, cheios de ódio que se via em Benedita. Não foi possível mais comer galinha, nem ao molho pardo, nem amarela, nem de forma alguma. Aboli as galinhas do meu cardápio. Os anos foram passando, Benedita cozinhando, matando as galinhas, cada vez com mais prazer. Odiava Benedita. Sentia que aquela mulher não era boa coisa, tinha algo de esquisito naquele olhar de assassina. Seu ódio da humanidade transparecia naquele ritual. Os meus instintos não falharam. Não deu outra. Um dia, se ouviram gritos alucinantes, pavorosos, que vinham da cozinha. Corremos todos para ver o que estava acontecendo. Benedita de turbante, preparada como fazia para matar as galinhas, tentava degolar Sílvia, a pobre copeira — o sangue jorrava do seu pescoço, o quintal todo sujo, respingado em estrelas de vermelho-carmim. A louca transtornada, balançando a faca gritava:

— Estava pensando que iria tomar meu lugar, desgraçada? Agora fala, sua filha da puta, diz que sou feia, que não sirvo pra copeira, quero ver você sem pescoço servir à mesa...

Apavoradas, não conseguíamos fazer nada. A copeira já quase desfalecendo, com os olhos esbugalhados, nos pedia socorro. Foi aí que meu irmão apareceu e, com uma pá, bateu bem forte na cabeça de Benedita que caiu desacordada. Corremos para socorrer Sílvia que se esvaía em sangue, mas apesar do corte profundo, conseguiu se salvar. Meu irmão colocou um pano de prato em volta do pescoço da infeliz para estancar o sangue, agarrou-a, chamou minha mãe para ajudar enquanto pegava o carro — levou-a às pressas para o hospital. Nem sabemos como a copeira sobreviveu, só pode ter sido um milagre de uma defunta galinha que veio em seu socorro.

Benedita foi internada num manicômio completamente transtornada e por lá ficou. A copeira desapareceu e nunca mais se comeu galinha em nossa casa.

Luiza

Meu querido, deixei para responder a tua carta na volta do meu almoço. Lembras dos nossos novos amigos do cerrado? Chegaram ontem de Brasília e, ontem mesmo, me telefonaram, convidando-me para um almoço. Aceitei na hora, estava ansiosa para conhecer a mãe de Silvana. Terias adorado o papo; estava lá o filho do casal, que acabou dominando a conversa. Só queria te ver no meio de tanta loucura. Eu, que estava pronta a te escrever uma carta apaixonada, romântica, cheia dos nossos melhores encontros e lembranças. Voltei perturbada com a conversa do rapaz e de como essa mocidade pensa tão diferente da nossa geração. Senti-me ridícula com as palavras tão apaixonadas que giravam na minha cabeça. Pensarias também assim? Fiquei com medo. Tu sabes o quanto te adoro e o quanto sinto a tua falta. Não vejo a hora dessa tua reunião terminar. Imaginas que passei a ficar ciumenta.

Voltando ao meu almoço, a mãe de Silvana é muito simpática, está frequentando como eu, a Casa do Saber. Acabamos trocando figurinhas e quando o assunto bateu no Flaubert e na decepção que tive com a última palestra sobre o famoso livro *Madame Bovary*, o rapaz se meteu no meio da discussão e não parou mais de falar. *Madame Bovary* trouxe à tona o problema das mulheres casadas, das suas frustrações, e até chegou a nos contar com todas as palavras, das relações soltas que teve com várias mulheres casadas.

Estudante de turismo, o rapaz, com vinte e sete anos, tem boas ideias, mas quando se trata de sua formação amorosa é um desastre. Deixou-me horrorizada, primeiro foi logo dizendo ser contra a monogamia, que todas as suas namoradas tinham que concordar com isso, elas podiam levar a vida que quisessem. Citou o exemplo de sua namorada atual que tem muitas amiguinhas e que se diverte muito com elas. Até aí tudo bem, mas quando começou a falar que ela transava com as amigas, eu caí dura. Fiz o possível para ficar natural, mas creio que transpareci o meu estupor. Tive a coragem de lhe perguntar se também era bissexual. Qual nada, o cara foi logo dizendo que ele não. Até então nunca tinha experimentado esse tipo de relação, mas gostava que ela lhe contasse suas novas experiências, suas novas sensações:

— Queria saber para trocar ideias. Para talvez depois executá-las.

Defendia abertamente a relação entre duas mulheres. Imagine você como a conversa foi ficando complicada para não dizer outra coisa... Esse rapaz, não resta dúvida, estava se exibindo, um libertino, supercentrado, se dizia até bonito. Um frango magrelo que não bate bem da bola. Os pais estavam calados e a avó, que tem a minha idade, parecia concordar com o neto. Veja em que pé estava a conversa.

Ciúmes, essa palavra não existia em seu vocabulário — o ciúme era a derrota de qualquer relação.

Só acrescentei que ele ainda não tinha descoberto o seu amor verdadeiro, que o sexo por sexo não podia ser a mesma coisa do que quando se ama com paixão.

Enfim, me senti uma macróbia.

Por mais que ele estivesse se exibindo, tudo aquilo me tocou: a forma como se ama já não é mais a mesma, é a chamada evolução dos sexos, a evolução dos prazeres!

Voltando a nós, quero te amar a minha maneira, quero também receber de ti o mesmo retorno. Tu sabes como sou romântica e como dou valor a tudo que fazes por mim, dos teus bilhetinhos que os guardo com o maior carinho, dos nossos jantares bem íntimos e principalmente quando me telefonas no meio da tarde para saber onde estou.

Volte o mais rápido possível. Se me traíres, por favor, não me digas nunca. Quando acordo e não te vejo ao meu lado, morro de saudades. Uma solidão sem fim.

Beijo-te os teus olhos, o direito principalmente, de que gosto mais, a pontinha do teu nariz, duas dentadinhas nas tuas orelhas e aquele beijo na tua boca; aquele beijo gostoso que me leva à loucura.

Luiza, tua, só tua.

A putinha da rua Alice

— Carminha, Carminha, onde está você, menina, aparece senão vou contar tudo pro papai.

Foi assim que Carlos meu irmão entrou gritando casa adentro, furioso, querendo me esganar como se eu tivesse culpa do que havia acontecido com Vanessa. Quando finalmente cheguei na sala, Carlos, urrando, avançou para me bater. Foi preciso que minha mãe interviesse para tudo ser esclarecido.

Estava inocente e nem por sonho podia imaginar o que Vanessa aprontara.

Primeiro preciso falar-lhes de Vanessa: conheci minha amiga na Aliança Francesa e, logo, fizemos uma boa amizade. Com Gilda formávamos um grupo animado; quando terminávamos nossa aula, íamos sempre tomar um refresco na piscina do Copacabana Palace. Tudo se passava de forma muito inocente, gostávamos de olhar os rapazes bonitos que frequentavam a piscina. Uma vez ou outra sentava algum amigo para conversar, flertávamos, coisas de moça, e, depois, ríamos muito das histórias que Vanessa nos contava. Tínhamos certeza de que tudo não passava de sua imaginação. Filha de pais separados, bonita, parecendo uma russa, peitos de pomba, branca, muito branca, roliça, sem uma só mancha no corpo, ruiva de cabelos sempre presos penteados à moda das dançarinas do cancã, vivia Vanessa com a avó. Uma tarde, ela não apareceu na Aliança, e depois dessa faltou a quatro aulas. Éramos suas amigas de cursinho, mas sabíamos muito pouco de sua vida. Na secretaria nos informaram que Vanessa havia perdido a mãe. Soubemos depois, com detalhes, que a mãe se matara: foi entrando mar adentro e sumiu no meio das ondas. Depois de muita busca, acabaram por encontrá-la já muito longe em alto-mar. Um horror. As histórias da mãe de Vanessa foram surgindo: uns diziam que era louca, outros que nunca perdoara o marido pela separação — o fato é que a senhora se matara jogando-se no mar.

Decidimos fazer-lhe uma visita de pêsames. Tudo combinado com a própria Vanessa, fomos a sua casa. Nos deparamos com um palacete na rua São Clemente. Um empregado vestido à moda indiana nos abriu a porta. Era um luxo só. Passamos bem por umas três salas até encontrar a amiga que nos esperava toda de preto somente com um colar de pérolas — cada vez mais branca, os cabelos ruivos presos em cima da cabeça, linda, parecendo que saíra naquele momento de um quadro de Renoir. Já vivia afastada da mãe havia muito tempo, uma das exigências do pai. Logo chegou o empregado que nos abrira a porta carregando uma bandeja de prata, com sucos, café, sanduíches. Vanessa em sua casa nos recebia como uma rainha, não era a Vanessa do nosso cursinho, das nossas gargalhadas à beira da piscina do Copacabana Palace. Algo de muito estranho a envolvia naquela casa. Sua avó, uma senhora gorda ainda guardando traços muito bonitos, também toda de preto, veio falar conosco. Era tudo tão cerimonioso, tão protocolar que logo nos despedimos, ficando de voltar outro dia. Foi assim que deixamos de ver Vanessa, ela nunca mais voltou ao curso e acabamos por esquecê-la. Essa era a minha história da Vanessa. E agora Carlos com esses gritos, estrondosos querendo me matar... Minha mãe soube escutar-me enquanto Carlos impaciente urrava ao meu lado.

— Nada disso, mamãe, ela está escondendo a verdade, duvido que não soubesse que Vanessa era a putinha da rua Alice.

— Carlos, você não diga uma barbaridade dessas, como ousa dizer uma infâmia, uma mentira desse porte. Prove, quero uma prova, você está com dor de cotovelo porque Vanessa nunca lhe deu bola. Ordinário!

— Queridinha, provas é que não faltam. Eu mesmo fui recebido por ela por cem cruzeiros, ela nuinha usando meias pretas com ligas pretas também. Ela está lá para qualquer um que possa lhe pagar cem cruzeiros. E vocês frequentando a piscina com uma putinha de bordel.

Minha mãe ficou horrorizada, eu chorava de vergonha, fui correndo ligar para Gilda para contar-lhe todo aquele escândalo com o nome de Vanessa. Depois, juntas, resolvemos recordar o que Vanessa nos contava e que pensávamos que era tudo brincadeira. De tão horrorizadas resolvemos que não voltaríamos mais à Aliança Francesa e muito menos à piscina do Copacabana Palace, o nosso nome devia estar sujo.

Os anos se passaram e ninguém lá em casa falava mais em Vanessa, o assunto rendeu meses e Carlos, toda vez que passava por mim, ia logo me dando indiretas, me enchendo a paciência.

Agora, frequentávamos a confeitaria Colombo, era nosso ponto de encontro. Uma tarde estávamos tomando o nosso sorvete de bacuri quando vimos entrar Vanessa, a nossa ex-amiga Vanessa, que estava mais linda, mais branca do que nunca, com aqueles cabelos ruivos deslumbrantes, acompanhada de um rapaz dos seus trinta anos, bonito pra valer. Quando nos viu, veio em nossa direção toda feliz, sorridente, apresentando-nos seu marido. Foram beijos, abraços, nos convidou para o mesmo endereço, para conhecermos seu filhinho Lucas, de três aninhos.

Curiosas, sem dizer nada a ninguém, fomos visitar Vanessa. Lá estava o mesmo empregado que nos encaminhou até a amiga. Seu filho, lindo, de cabelos ruivos como os da mãe, brincava no jardim ao lado com a babá. Vanessa nos contou que conhecera o marido tratando do inventário da avó. Seu marido, banqueiro, dava-lhe todo o apoio para tratar dos seus papéis, desses assuntos desagradáveis de que ela entendia tão pouco.

Era a mesma Vanessa que visitáramos quando perdeu a mãe. Só restava saber se era a mesma do bordel.

A deusa

O dia amanhecia e o boteco do seu Manuel ainda estava animado. A famosa batidinha na caixa de fósforos do Cirusca acompanhava o batuque do Vinicius, que estava inspiradíssimo para desespero dos garçons. Nascia Formosa, agora mesmo que Vinicius não iria embora, já pedia mais uma bebidinha, e quem sabe, "uma média por favor".

Assim era o boteco do Manuel que, acostumado com a boêmia dos fregueses, já tomava o seu café da manhã antes de ir para casa. Sentia o maior orgulho de saber que as melhores músicas que tocavam na cidade haviam sido criadas ali, na sua presença, naquela boêmia que ele tanto admirava. Manuel sentia uma ponta de inveja dos amigos, do sucesso que tinham com as donzelas que frequentavam o seu boteco. Gordo, bigodudo, cabelos lisos, pretos, cheirando a brilhantina barata, gravatinha borboleta, mangas arregaçadas, colete preto, uma toalha branca enrolada na cintura — era o Manuel que, lá pelas tantas, vinha sentar-se com os fregueses, seus amigos; para tomar uma cerveja. Já cansado, se dizia filho de Deus, queria gozar a madrugada e entregava a direção da casa ao garçom mais antigo. Manuel participava da intimidade dos amigos. Quantas vezes os vira chorar de amor, de despeito, ciúme. E uma melodia linda nascia daquela tristeza quase sempre com um letrista ao lado para completar e consolar a solidão do companheiro. Uma vez, Manuel chegou a se apaixonar por uma mulher nunca vista. Jardineiro, amigo, frequentador assíduo do seu boteco, chegava sempre cantando a beleza de Deusa, de como o levava à loucura e aos frequentadores do Beco das Garrafas, com sua voz linda, cheia de amor, de paixão. Manuel mal via o amigo chegar, já vinha sentar-se a seu lado para saber das novidades.

— Conta, Jardineiro, como vai a tua amiga? Quero saber mais, vai, toma lá um trago que te pago (o que fazia sempre). Como ela cantou essa noite, te viu? Cantou as músicas do Billy? Fala, homem, quero saber tudo com detalhes. Dizem que vai lá um cara todas as noites, exige a melhor mesa só para ficar admirando a tua Deusa. Veja, sei de tudo que não estás querendo me contar. Sabe, Jardineiro, um dia tomo coragem e vou até o Beco das Garrafas. Vou lá contigo. Há de me ajudar a escolher um terno bacana, vamos escutar a nossa Deusa cantar, vou cobri-la de flores.

Jardineiro, pilantra, alimentava os desejos do Manuel sabendo que sua Deusa só tinha olhos para um certo compositor, mas mesmo assim não dava o braço a torcer, continuava a frequentar o Beco das Garrafas e ia lá quase todas as noites só para ouvi-la cantar aquelas melodias lindas — o pobre sofria e fingia que era amado. Costumava ficar sentado no bar, bebendo um copo de uísque um atrás do outro só para se iludir e penetrar por encanto no mundo de sua amada, agora dele e do Manuel. Jardineiro já começava a ter pena do amigo, havia de inventar uma história muito triste, um fim trágico para Deusa antes do Manuel aventurar-se a uma ida ao Beco das Garrafas. O pobre se sentiria muito humilhado, ofendido com o repúdio, com a indiferença de Deusa. Não, não faria o amigo passar por um vexame desses. Pediria ao Vinicius que o ajudasse a inventar uma história bem romântica, como só ele sabia criar. Com os pensamentos fixos na tragédia que inventaria, Jardineiro resolveu não alimentar mais os sonhos de Manuel. Definitivamente, começaria a contar-lhe que não a vira cantar mais, qualquer coisa, menos falar de Deusa. Chegando ao café lá pelas tantas da madrugada, estava Manuel pronto para escutar as novas do Jardineiro. Que contaria dessa vez? Ficava a imaginar.

— Então, Jardineiro, que cara é essa? Estás parecendo um pinico amassado. Conta, homem, desabafa.

Jardineiro, de tão concentrado, de tão nervoso, chegou a chorar ao narrar que Deusa havia abandonado a carreira artística para se casar com aquele cara que ia vê-la cantar todas as noites.

— Sabe Manuel, o cara é rico; tem até carro com motorista. Quem somos nós, Manuel, para competir com um partido desses?

— Essas mulheres são todas umas pilantras — dizia Manuel —, não valem nada. Como fui me apaixonar por uma mulher dessas?

— Nós somos uns trouxas, somos umas bestas, Manuel, vamos é partir pra outra.

Lisete

— Madalena, vai buscar a menina, trás ela logo, Madalena.

— Mas senhora, Soninha está dormindo desde cedo.

— Traga ela assim mesmo.

Madalena, revoltada, acordava Sônia, levava a pobrezinha nos braços para o quarto dos patrões. Era sempre assim, ela já sabia. Quando eles começavam a brigar, a patroa sentia uma necessidade imensa de mandar buscar a filha para o quarto do casal. Depois, chorando, pegava a menina nos braços, acordava Sônia aos beijos e, soluçando, suplicava-lhe que pedisse ao pai que abandonasse sua amante Lisete.

— Pede, Soninha, pede, diz a ele que nós o amamos muito, que ele nunca nos abandone.

A menina sem saber o que estava acontecendo, sonolenta, abraçava o pai e dizia-lhe com aquela voz apavorada:

— Papai, paizinho, fica conosco, não abandone minha mãe, não...

Nem sempre o pai respondia de bom grado:

— Madalena, leva esta menina pro quarto. Deixa de dizer bobagem, menina. Teu pai tem lá amante, isso é história da tua mãe.

Outras vezes a pegava nos braços e, beijando-a, levava-a de volta a cama e ficava ao seu lado até que Sônia pegasse no sono novamente.

Sônia foi crescendo com aquele nome da amante do pai na cabeça: Lisete, Lisete, Lisete. Lisete para ela era sinônimo de tudo de ruim que pudesse acontecer na vida: abandono, brigas, infelicidade, tristeza. Passou a odiar Lisete, sem nunca ter visto, sem nunca ter conhecido ou sabido se realmente existia uma Lisete na vida do pai.

Anos mais tarde, Sônia, casada, mãe de filhos, levava uma vida pacata, ao lado do marido, escolhido a dedo: militar saudável, nunca lhe dera trabalho. Desde cedo, viu que o namorado não fazia um tipo romântico, sempre a respeitara, e era assim que Sônia se sentia bem. Não queria repetir o casamento dos pais que, bem ou mal, levaram aquela união até o final de seus dias. Outras Lisetes apareceram em suas vidas, outras brigas se sucederam, mas, aconselhados pelo médico da filha que passara a ter pesadelos horríveis, deixaram de mandar acordá-la no meio da noite.

Sônia cresceu aos cuidados de Madalena que tinha por ela um carinho todo especial. Seu enxoval fora maravilhoso, camisolas lindas, levou até uma preta bem sensual (como estava na moda), toalhas da Ilha da Madeira, vestidos de festa, chapéus, tudo da melhor qualidade. Foram vários baús que teve que levar para guardar o enxoval que viajou por esse Brasil afora. Claro que tudo ficou bem guardado com muita naftalina. O princípio da carreira do marido fora pacato, a vida social era quase nenhuma, e os vestidos de noite nunca saíram do armário, acabaram fora de moda. Quando ele finalmente veio servir na capital, os filhos já crescidos, foi possível finalmente colocá-los em bons colégios e dar-lhes uma boa educação. O marido ausente de qualquer interferência na vida do casal, era Sônia quem decidia colégio, moradia, decoração, vida social, e Abelardo, já coronel, concordava com tudo. Os pais dela morreram, um mais cedo, outro mais tarde, deixando-lhe uma boa herança. Sônia passou a brilhar na sociedade, era sempre citada nas crônicas, que fazia questão de recortar e guardar numa caixa.

Ficara diferente, a mudança para capital mudara sua vida, era outra mulher. Passou a achar o pobre Abelardo frio, indiferente, e olhava para os maridos das amigas com certa inveja. O que estaria acontecendo? Ela mesmo não saberia dizer. Voltava do cinema com aqueles filmes românticos na cabeça, aqueles beijos que Abelardo nunca soubera lhe dar. Um dia, lembrou-se de sua camisola preta. Que final teria levado aquela camisola? Aquela que nunca tivera coragem de usar — que diria Abelardo se a tivesse visto de camisola preta? No mínimo iria pensar que era uma puta, ou coisa parecida. Fora uma boba em ter se casado com ele. Por que fizera isso? Agora era tarde, não seria mulher de arranjar amante e também não existia ninguém interessado, ninguém mesmo. A verdade era cruel e, como desculpa, costumava dizer que não era uma mulher desfrutável.

Os filhos já grandes começavam os seus programas independentes: Olavinho de namorada firme, apaixonado; Laura, mais discreta, não gostava de comentar nada de sua vida, dos seus namoricos, mas vivia de segredos com as amigas.

Finalmente, Olavinho foi convidado para jantar em casa da namorada. Abelardo nada perguntou ao filho no dia seguinte, mas Sônia queria saber dos mínimos detalhes:

— E então, Olavinho, como foi de jantar? E a casa de sua namorada, é bonita? Quero saber de tudo, Olavinho, não me esconda nada, conte-me tudo.

Olavinho, muito falante, foi logo contando da beleza da mãe de Teresa, dona Lisete.

— Linda, mãe, o que tem de bonita, tem de cativante e simpática. O jantar impecável, tudo perfeito, organizado nos mínimos detalhes por dona Lisete.

Sônia, ao ouvir o nome Lisete, quase teve uma síncope.

— Olavinho, você falou Lisete?

— Sim, mãe, Lisete é o nome da mãe de Teresa.

— Pare! Pare, não me diga mais nada, não quero ouvir você falar mais nesse nome na minha casa, na nossa casa. Essa mulher é o próprio demo, não quero ver você saindo mais com essa menina. A mãe dela não presta, não vale nada, esqueça dessa Teresa se você ainda gosta de sua mãe.

Sônia saiu transtornada ao ouvir esse nome. Toda sua infância veio à tona. Como seria possível acontecer isso? Lisete, um nome tão raro, quem seria essa mulher? Seria essa Lisete a amante de seu pai? Onde fora arranjar esse nome? Quem sabe, não seria filha da tal Lisete, e que agora vinha se intrometer na sua família, no seu lar tão bem constituído.

Precisava falar urgentemente com Madalena, já velhinha, que resistia aos anos morando com parentes numa casa de vila em Madureira, casa essa, dada pelos pais de Sônia.

Abelardo, apavorado com a reação da mulher, esperava Madalena ansioso, ela saberia dizer e explicar o que estaria acontecendo. Sônia foi piorando, chorando convulsamente, dera para falar com voz de menina:

— Papai, não nos abandone por favor, deixa essa Lisete, manda essa mulher embora...

Os filhos e Abelardo já não sabiam mais o que fazer. Quando Madalena chegou, já bem velha, arqueada, ainda teve forças para se chegar ao lado de Sônia e, com aquela voz de puro carinho, abraçou sua menina:

— Sônia, minha filhinha, isso já foi há muito tempo, teus pais erraram, perdoa, perdoa. Tenho certeza que não sabiam o que faziam, agiam no auge de uma paixão doentia, e essa Lisete nunca existiu na vida do teu pai, era tudo invenção da tua mãe. Como sabia que teu pai te adorava, fazia aquilo tudo para impressioná-lo. Perdoa, minha filhinha, perdoa.

— Madalena, era horrível, eu nunca vou poder esquecer aquelas cenas de minha mãe, os seus soluços, aquelas aflições de ser abandonada pelo meu pai, era horrível, Madalena, você sabe disso.

Abelardo, profundamente chocado, compreendendo pela primeira vez as reações da mulher ao fazer sexo com ele, apiedou-se e, segurando-a pelos braços, a beijava e dizia com todo carinho:

— Sônia, eu te amo mais do que tudo nesse mundo, fique tranquila, sempre estarei ao teu lado, eu e nossos filhos.

Sônia, já nos braços de Abelardo, foi se acalmando e, segurando na mão de Madalena, só pôde dizer-lhe:

— Quantos anos eu perdi, Madalena...

Lúcia

Um acidente parou o tráfego na rua Jardim Botânico. Uma senhora fora atropelada, arremessada para bem longe. Um carro passou com o sinal amarelo e, mesmo freando, não fora possível evitar o acidente. Imediatamente os fregueses do bar da esquina da famosa Ponte de Tábuas cercaram o carro. Revoltados com o descaso da motorista, tentavam agressivamente retirá-la do volante — aos berros xingavam a mãe. O mundo desabava naquele momento na rua Jardim Botânico.

— Pensa ser a dona da rua, sua desgraçada? — gritava um dos passantes.

Aí mesmo é que juntavam curiosos, vingadores, revoltados, desempregados, gente querendo descarregar seus problemas ali mesmo na rua. Todos buscavam uma oportunidade dessas para exorcizarem, se vingarem dos infortúnios da vida que lhes era tão amarga. Aquela mulher, sem dúvida, lhes seria uma válvula de escape, iria pagar, iria aliviar suas desgraças. Ninguém olhava para a pobre velha estatelada na rua. Uma boa alma foi chamar por socorro. O Corpo de Bombeiros apareceu de imediato. Tudo resolvido, chegou a polícia. Lúcia, apavorada, escondia a cara deitando-se no chão agarrada aos tapetes do carro. Só pensava na surra que a multidão queria lhe dar.

A polícia chegou querendo testemunhas. Primeiro, ninguém queria dizer nada, ninguém vira nada, até que finalmente apareceu uma senhora, que disse estar passando pela esquina no momento que a velha atravessara a rua com o sinal fechado.

— Passou, e nem olhou para o sinal. Foi tudo. A motorista tentou frear, mas já era tarde.

— E a senhora, não tem nada para dizer? — perguntava o policial para Lúcia que apavorada, mal conseguia falar.

— Coloquei o pé no freio, fiz o possível mas a senhora que passava vinha correndo, não via nada — dizia Lúcia agachada, atropelando as palavras.

— Mentira — gritou um rapaz com cara de revoltado —, ela passou com o sinal fechado sim, vinha desembalada, não sei como não matou a velha.

Lúcia, lívida, não conseguia dizer nada. Estaria o sinal fechado? Aberto? Não sabia, não sabia mesmo, ela vinha desnorteada, dirigindo com o pensamento ligado na cena que acabara de ver. Arrependida, não sabia de mais nada. A polícia levou um tempão para retirá-la do carro. Agarrava-se ao volante, chorava, esperneava, estava tendo um surto, um ataque histérico. Não era para menos. A pobre mulher acabara de presenciar o marido agarrado, beijando alguém no consultório. Lúcia fora procurá-lo, precisava de dinheiro para pagar contas que não podiam esperar. Foi logo entrando, não se deu ao trabalho de bater na porta que estava meio aberta. Não dava para acreditar no que estava vendo: Oswaldo aos beijos, ali bem perto de sua mesa de trabalho. Seria mesmo um homem que estava em seus braços? Não dava para crer, as suas pupilas não podiam negar o que estava vendo. Os amantes de tão apaixonados não se deram conta de sua presença.

Lúcia só teve tempo de se retirar jogando-se na primeira poltrona que encontrou. Abafava os soluços tapando a boca com as mãos, a cabeça rodava, rodava tudo ao seu redor. Desesperada, saiu correndo, sem pegar o elevador, desceu as escadas de serviço aos tropeções, chorando, procurando fugir daquela cena grotesca. Pegou o carro e, mal conseguindo engrenar uma primeira, saiu em direção a rua Jardim Botânico. Queria morrer, desaparecer.

Agora, estava no meio de uma multidão enfurecida que gritava tentando retirá-la do carro. Seria linchada. Por que fugira do marido e por que não tivera coragem de enfrentá-lo? Que desgraçada, sempre fora covarde. Aquele miserável, ordinário, crápula, não merecia a sua atitude, devia ter entrado, lhe dado uns bons tapas, feito um escândalo. Há quanto tempo sabia que aquele casamento não estava dando certo e, em vez de parar um segundo para pensar, ficava engambelando sedutoramente Oswaldo. Estava mais do que claro que o marido nunca havia tido por ela nenhuma atração, estava ali a resposta para todas as suas indagações. Quanto tempo perdido, quantos complexos a tinham atormentado: se achava fria, pouco sedutora, e assim foi levando o casamento. A resposta estava ali agora naquela cena. O que poderia dizer para aquela gente? A verdade. Diria bem alto a verdade para quem quisesse escutar: que fora uma boba, a culpada de tudo que acabara de acontecer.

Levaram Lúcia para a delegacia mais próxima e, para seu desespero, mandaram chamar o marido que, prontamente, veio ao seu socorro. Lúcia não tinha coragem de fitá-lo, mal podia falar. O delegado dizia-lhe bem alto:

— Sua sorte foi que a vítima não morreu, só sofreu leves escoriações e um susto muito grande.

O marido de Lúcia sorrateiramente chamou para um canto um dos policiais e imediatamente liquidou o assunto.

Lúcia, sem se dirigir ao marido, toda desgrenhada, o vestido sujo, rasgado, segurando os sapatos e mal conseguindo andar, precipitou-se para a rua tentando parar um carro, alguém que viesse em seu socorro. Foi aí que apareceu um motoqueiro lhe oferecendo ajuda:

— Suba, suba logo.

Lúcia não teve dúvida, arregaçou a saia, trepou na moto que saiu chispando.

— Por favor não pare, leve-me para bem longe desse lugar, gostaria de sumir, de sumir e de nunca mais voltar. Obrigada, você não sabe o favor que está me fazendo.

O motoqueiro, depois de ter chegado a Ipanema, parou esbaforido no primeiro quiosque que encontrou na praia — queria saber finalmente o que tinha acontecido. Lúcia, mais uma vez agradeceu sua ajuda, ele fora seu salvador.

Resolveram parar para tomar alguma coisa ali mesmo e, sentados, poderiam conversar. Lúcia aceitou prontamente sua sugestão — com as mãos foi pegando os cabelos que estavam desarrumados tentando dar um nó, um jeito —, devia estar parecendo uma louca. Calçou os sapatos e caminhou até encontrar um banco no calçadão. O motoqueiro pegou uma cadeira do quiosque e foi juntar-se a ela. Pediu uma cerveja, esquecendo-se de oferecer alguma coisa a Lúcia. Estava curioso, queria saber por que estava tão desesperada, tão enlouquecida, quando a viu fugindo pela rua.

— Agora você vai me contar tudo direitinho, não esqueça de nenhum detalhe.

— Claro, fique tranquilo, não sou nenhuma assassina.

Lúcia resolveu contar-lhe minuciosamente sua história. Chegou a detalhes do seu casamento, de suas frustrações, a procura de médicos que lhes explicassem o porquê do fracasso, da frieza, como se desenrolava seu relacionamento. Quando foi chegando ao ápice dos acontecimentos, o motoqueiro foi ficando nervoso, mal podia olhar para ela. Só conseguia dizer:

— Quanta coincidência, que tragédia, não é possível acreditar no que estou escutando.

Lúcia, sem entender a aflição do seu salvador, não parava de falar e, aos prantos, só repetia que queria morrer.

— Moça, por favor, escute, pare, pare, não me diga mais nada. Era eu quem estava com seu marido. Sou seu paciente há muitos anos e, só agora, começamos a ter um relacionamento.

Quando poderia imaginar que Oswaldo era casado. Não sei mais o que lhe dizer.

Lúcia, perplexa, acreditando nas palavras do rapaz, apiedou-se. Ele era tão vítima quanto ela, devia-lhe ao menos um agradecimento pela carona.

— Seu nome, gostaria de saber seu nome — perguntou Lúcia.

— Vamos ficar por aqui. O meu nome não ajudaria nada a resolver seu problema — respondeu o motoqueiro. — A senhora teria como voltar para casa? Sinto-me profundamente culpado por tudo que lhe aconteceu. Volte para o seu marido. Com calma resolva sua vida, é tudo que posso dizer.

Partiu, deixando Lúcia atônita.

Voltando-se para o mar, Lúcia ficou ali perdida, sentada no banco do calçadão, olhando as ondas que iam e voltavam, trazendo e levando seus pensamentos indefinidamente.

Suzana

Suzana, magrinha, cabelos curtos, pretos, bem cuidados, moça inteligente, de origem humilde, professora de surdos e mudos, não gostava de sua profissão. Ambiciosa, foi pulando de galho em galho até que encontrou um sujeito que precisava se casar para livrar-se de uma mãe extremamente possessiva. Sujeito esse, bem colocado na vida.

Casamento consentido, casaram-se.

Dona Ismênia, mãe de Ronaldo, estava ansiosa para conhecer a nora. Marcou um chá e a recebeu na hora certa, em sua sala preferida. O gosto da mãe de Ronaldo era questionável: gostava dos dourados, da porcelana chinesa, principalmente das estatuetas representando Buda em todas as posições; dos potes enormes que colocava pelos cantos, e o pior do melhor, seria sua coleção de leques antigos, coleção que era o orgulho de dona Ismênia. Sua nora ficou maravilhada com aquele ambiente, sentiu-se em Versailles, que só conhecia mesmo em fotografia. Já se via naquele ambiente usando um robe de seda, recebendo as amigas para um chá.

Suzana teria de dar um jeito de eliminar dona Ismênia. Concentrou-se, usou toda a sua magia e olhou firme para a senhora, jogando-lhe maus fluidos. Logo dona Ismênia começou a sentir uma forte dor de cabeça, tão forte que teve que se retirar. Pediu desculpas, beijou a nora e foi para os seus aposentos. Com três visitinhas à sogra, o enterro de dona Ismênia deu-se logo em seguida. Ronaldo ficou pesaroso. Muito arrependido de ter apressado o seu casamento, se soubesse que a mãe estava tão doente teria esperado mais e feito uma escolha melhor.

Com o passar dos anos, Suzana — que se casara por interesse — foi se tornando uma mulher extremamente fútil, trocou os livros de boa literatura e sua orientação pedagógica pelas revistas de moda. Mudara de pior para muito pior. Queria ser diferente do que era. Gostava de contar vantagens para os amigos do marido. Dizia-se filha de usineiros, mostrava os objetos de valor de sua casa como se tudo aquilo tivesse pertencido a sua família. A princípio, o marido achava até graça em suas conversas, mas como ela foi se imbuindo dessa nova personalidade, tornando-se extremamente pedante, invejosa.

Suzana sofria com o sucesso das amigas. Outro dia, em casa de Olavo, amigo de Ronaldo, o vestido de Sílvia, sua mulher, foi muito elogiado; dois minutos depois ela deixava cair um copo de vinho tinto, sujando-a toda. Ronaldo foi ficando revoltado com a vida fútil que Suzana estava levando. Sem amor pela mulher, tentou dissuadi-la, mas já era tarde. Suzana estava totalmente deslumbrada pela mundana que se tornara e, mais ainda, por possuir poderes malignos que lhe davam forças para enfrentar aqueles amigos de Ronaldo. Passava horas falando em frente ao espelho, fazendo poses, procurando imitar as modelos das revistas de moda. Ela, que outrora com tanto sacrifício conseguira formar-se, sair daquele meio tão pobre, tornando-se professora de um instituto importante, tinha se tornado uma fútil, vazia e com ideias de grandeza, com caraminholas na cabeça.

Ronaldo tomou-se de coragem e resolveu dizer-lhe que, se continuasse agindo desse jeito, iria pedir o divórcio, não poderia continuar casado com uma mulher tão invejosa, tão boba, e, além do mais, seria obrigado a desmentir todas as histórias mirabolantes que inventara para seus amigos. Pensou que assim Suzana ficaria com medo e entraria nos conformes.

Suzana ficou desesperada. Atiçada pelo ódio, resolveu liquidar Ronaldo. O marido sabia muito pouco de sua vida e nem imaginava como ela adquirira o poder do olhar, do olhar maldito, vingativo, aperfeiçoado nos livros de magia que descobrira na biblioteca da universidade na qual estudara. Aliás, fora dessa maneira que conquistou Ronaldo.

Suzana, sentindo-se muito forte, não se intimidou, resolveu colocar seus poderes à mostra. Começou a demonstrar fluídos malévolos para a empregada — olhava para a desgraçada que deixava cair tudo que estivesse segurando. Conseguia até apagar as luzes da casa com um simples olhar... Tornara-se uma bruxa poderosa. Estava pronta para a primeira batalha.

Ronaldo mal sabia em que mãos caíra.

Na primeira oportunidade que se apresentou, quando estava justamente a ponto de desmascarar a mulher, sentiu o seu olhar que o penetrava, queimando-lhe os olhos, a ponto de o deixar sem fala. Apavorado, sem saber por que tinha acontecido aquele incidente, foi procurar um fonoaudiólogo. Para sua surpresa e alegria, estava tudo perfeito, talvez estivesse trabalhando muito, precisava descansar, tirar umas férias, disse-lhe o médico.

Suzana estava decidida a matar Ronaldo. Passou a imaginar de que maneira o faria: um acidente de carro ou, quem sabe, uma dose excessiva de remédios. Ou o jogaria da janela? Já nem lia mais suas revistas de moda, às vezes era pega de surpresa rindo para as paredes — era ela a imaginar o triste fim de Ronaldo.

Tudo começou a dar errado na vida de Ronaldo. Suas ações despencaram, o proprietário pediu o escritório em que ele trabalhava e, num dado momento, se viu na rua sem lugar para trabalhar. Fora tudo tão rápido que não tivera tempo de encontrar uma sala grande, com serviços, no ponto que desejava. De tanto andar procurando sala, acabou sendo assaltado, perdendo todos os documentos importantes de trabalho.

Não era possível estar acontecendo tudo isso com ele, pensava.

Desesperado, desconfiando dos poderes da mulher, resolveu procurar frei Lucas, colega de turma, amigo de longa data. Depois de ter visto a mulher apagar as luzes da sala, derrubar a travessa da empregada apenas com um olhar, passou a ficar alucinado desconfiando da morte tão rápida da mãe. Agora estava seguro de que tinha sido Suzana quem o emudecera naquela noite, era só lembrar daquele olhar, cruel, frio, cortante como uma navalha, hipnotizando-lhe a alma. Sem falar nas desgraças que estavam acontecendo na sua vida.

Suzana, a ponto de enlouquecer o marido, praticava os seus poderes diante de Ronaldo — fazia tudo isso de propósito, queria vê-lo sofrer o bastante e só aí o destruiria para sempre. Ronaldo, já não aguentando mais, telefonou para o mosteiro de São Bento e marcou uma hora com frei Lucas. Foi de táxi, não tinha mais forças, nem concentração para dirigir o carro. Quando chegou, o frei já estava à espera. Recebeu-lhe com um abraço carinhoso, fraternal. Sentaram-se no pátio e lá o pobre Ronaldo desatou a chorar, contava-lhe tudo aos soluços, comovendo o amigo que o ouvia atento com todo carinho. O frei era um santo acostumado a ouvir essas histórias e tinha o poder de exorcizar esses demônios que se metiam no corpo dos mortais — não seria agora que o pobre Ronaldo cairia nas mãos daquela maluca. Ele resolveu acompanhar Ronaldo a sua casa, levaria seus paramentos, água benta, e tiraria o malefício dessa mulher.

Quando Ronaldo entrou em casa acompanhado de frei Lucas, Suzana de tão maravilhada com os seus poderes, estava levitando seu gato de estimação — nem se deu conta de que eles a estavam observando. Frei Lucas, que também era poderoso, olhou para o gato e o colocou levemente no chão. Suzana voltou-se e se deparou com o olhar do frei que era mais forte que o seu, olhar tão intenso que a foi deixando indefesa para reagir; entregou-se completamente, esticou seu corpo na cadeira, relaxando; e uma fumaça escura, fedorenta, que cheirava a enxofre foi exalando do seu corpo. Era o diabo que deixava o corpo de Suzana.

Como se nada tivesse acontecido, Suzana, aliviada, levantou-se da cadeira e foi saudar o amigo do marido que conhecia só de nome. Foi servido um cafezinho e frei Lucas disse-lhe que tinha vindo, como prometera a Ronaldo, benzer a casa. Café servido, sentindo no ar que o mal ainda lutava para se restabelecer, o frei foi andando pela casa, entrando nos quartos, espargindo água benta, exorcizando os demônios que ainda perambulavam. Depois pediu que juntos rezassem três ave-marias e três padre-nossos.

Ronaldo, Suzana e frei Lucas se despediram amigavelmente parecendo que nada daquilo tivesse acontecido.

Zefa

Zefa

Zefa fazia de tudo naquela casa: lavava, passava arrumava e cozinhava. Tinha uma santa paciência para aguentar aquela família de doidos. Negra retinta, raça pura, olhos amendoados, roliça, mas não gorda — metida a dona boa. Sem dúvida, uma mulher muito sensual.

Lourdes, sua patroa, partia feliz para o trabalho depositando na empregada todas as responsabilidades do lar. Tinha certeza de que quando voltasse à noite encontraria tudo perfeito: comida gostosa, casa arrumada e toda a roupa passadinha, e já guardada. Tocantins, seu marido, era um cão. Reclamava de tudo, mesquinho, nunca estava satisfeito, e o pior, implicava com a pobre Zefa.

Quem sabe não seriam desejos contidos que tratava de esconder?

A família saía e Zefa ficava só, reinando na casa. Rapidinho passava uma tranca na porta, tirava a roupa e, nua, começava a trabalhar. Era uma locomotiva, fazia o trabalho rapidinho e benfeito. Quando terminava o serviço, ainda ia averiguar se tudo tinha ficado nos conformes. Tudo em ordem, começava o reinado de Zefa: colocava um bom samba no som do Tocantins e, rebolando e cantando, ia tomar banho no chuveiro da patroa levando uma cesta com escovas, perfume e sabonete — o resto usaria tudo de Lourdes (como ela a chamava).

De banho tomado, perfumada, passava o creme de Lourdes, sem deixar nada sujo. Com o roupão e os chinelos da patroa, passava pela cozinha só para pegar uma cervejinha. Calmamente, dirigia-se para a sala, jogava-se no sofá, afundava-se nas almofadas e começava a ver televisão.

Durante quase dois anos de casa, Zefa e família completaram-se e funcionaram muito bem.

Mas um dia Tocantins sentiu-se mal no trabalho e voltou para casa mais cedo. Quando tentou abrir a porta do apartamento, encontrou-a trancada, achou estranho, não pensou duas vezes: deu a volta pela área de serviço e entrou pela porta da cozinha. Primeiro ouviu aquele som vindo da televisão. Tocantins quase teve um choque ao deparar-se com Zefa vestida com o roupão de Lourdes, deitada no sofá, cochilando com uma cerveja na mão. Zefa deu um pulo, envergonhadíssima não sabia o que fazer: se corria para a cozinha ou para o banheiro do casal para devolver os pertences de Lourdes. Tocantins, feliz em poder dar um fragrante em Zefa, gritava:

— Zefa, sua ordinária, você nunca me enganou, ponha-se na rua. Está despedida. Amanhã venha buscar seu dinheiro com o porteiro.

Tocantins, de tanta felicidade, esqueceu até a virose. Mas o pobre não sabia o que estava para acontecer. Quando a família chegou, Tocantins narrou os acontecimentos. Revoltados, os filhos e a mulher quase mataram Tocantins. Foi chamado de reacionário, ignorante e só faltou levar uma surra de Lourdes, que há muito tempo desconfiava de Zefa, mas tratava de fechar os olhos.

Tocantins, desesperado, retirou-se para o quarto do casal e foi tratar de sua virose.

Arnóbio

Arnóbio trabalhava no Banco do Brasil como faxineiro e, quando largava do serviço, ia complementar seu salário como flanelinha. Não precisava andar muito, atravessava a praça Nossa Senhora da Paz, andava poucos quarteirões e quando chegava na rua Nascimento e Silva, encontrava o seu reino: lá, era amigo de todos os porteiros, tinha sempre alguém para guardar os seus pertences. Arnóbio levava sempre sua roupa de flanelinha dentro de um saco — em segundos já estava pronto para iniciar o trabalho. Rádio de pilha na mão, ia dar uma bispada para ver como estavam os negócios: as vagas preenchidas, quem já tinha saído ou chegado das academias, dos cursinhos, quem sairia e entraria nos consultórios médicos. Conhecendo todos os horários, hábitos dos fregueses e qual vaga poderia dispor no momento, começava a se agitar. Sorridente, procurando ficar informado com a CBN, "rádio que toca notícias", já sabia o que informar aos fregueses. Ora lhes falava de futebol, da CPI dos Correios, até da Bolsa de Valores tinha coragem de opinar. Seus fregueses se divertiam e alimentavam Arnóbio com perguntas:

— Então, Arnóbio, o Flamengo vai ganhar ou perder?

Outro mais gaiato o questionava:

— Posso aplicar na Bolsa, hoje, Arnóbio? A Bovespa desceu, subiu?

Arnóbio estava bem informado graças à CBN, a tudo respondia. Quando via alguém com cara de político, ia logo dizendo:

— Essa CPI não vai dar em nada não, doutor. É uma pouca vergonha...

— É isso aí, Arnóbio, o Brasil está precisando de homens como você! — dizia o freguês com cara de político.

Arnóbio acreditava piamente que estava brilhando.

Uma tarde, daquelas muito especiais, sol bonito, de raios transparentes, que não deixavam passar muito calor, aconteceu uma tragédia. Tudo levava a crer que seria mais uma tarde de flanelinha na vida de Arnóbio. Saía do 456, aquele casal de velhinhos tão simpáticos, que gostava de passear pelas ruas de Ipanema e sempre tinham uma palavra amável para ele.

— Boa-tarde, Arnóbio, trabalhe direitinho que será bem recompensado. Alguma novidade?

Arnóbio não conseguiu nem responder, passava naquele instante uma motocicleta com dois caras, um na direção, outro na garupa: pularam, arrancaram a bolsa de dona Zilda, puxaram com toda força o seu cordão de ouro e, quando o velhinho foi reagir, lhe deram um tal safanão, que o pobre caiu com a cabeça no meio-fio. Foi um horror! Um Deus nos acuda! O sangue jorrava na calçada. A motocicleta se mandou. Manuel, o porteiro do prédio, correu para ajudar o casal, e Zefa, que estava justamente partindo com sua mochila, ficou sem saber o que fazer. Arnóbio rapidamente tentou socorrer seu Edgar, mas quando chegou bem perto, o pobrezinho já não respirava. Dona Zilda, com um ataque histérico, gritava, completamente transtornada. Tiveram que segurá-la e levá-la para a portaria. Chamaram o corpo de bombeiros que milagrosamente chegou logo. A família apareceu, socorreram a velhinha que estava fora de si e a levaram para o seu apartamento. Rabecão, polícia, curiosos, vizinhos, era tanta gente que mal dava para passar uma bicicleta. Depois que removeram o corpo, a polícia começou a inquirir às testemunhas.

— Vamos todos para a delegacia, quero ver quem vai dizer a verdade... Vocês são todos uns safados... Você aí, seu flanelinha de merda, como foi que isso aconteceu? Quem é o porteiro desse edifício? Essa gostosona, o que estava fazendo aí parada na frente do prédio? Vão os três para a delegacia da Afrânio.

Foram acompanhando o policial que falava sem parar, coitados estavam apavorados. A delegacia parecia ferver de tanta gente notificando carros roubados, assaltos na praia, turistas que foram lesados, pessoas que tudo perderam, crimes, apartamentos arrombados e briga de casal para completar. Uma vergonha.

Manuel, Zefa e Arnóbio estavam cansados de esperar e já era noite quando foram atendidos. Nervosos, aflitos, sede, fome e medo. Arnóbio foi levado à sala do delegado e foi o primeiro a ser inquirido.

— Conhecia os caras? — perguntou o delegado a Arnóbio.

— Nunca os tinha visto, foi a primeira vez que apareceram pela Nascimento e Silva.

— Faça a descrição exata, não esqueça um detalhe — falava secamente o delegado.

Arnóbio espremia-se para responder essa pergunta. Claro que os conhecia, eram do morro, moravam bem perto dele no Cantagalo. Não seria possível denunciá-los — mas logo lembrou das notícias da rádio CBN e começou a narrar:

— Os caras eram estranhos, senhor delegado, pareciam vestidos como na novela da Globo: roupas de couro pretas, botas, um estava de capacete e o outro tinha um rabo de cavalo enorme. Rápidos no roubo e no volante, desapareceram sem deixar rastro. Brancos, senhor delegado, deu pra ver bem. Eram brancos.

— Bem, bem, isso é tudo que você tem para contar? Não está se esquecendo de nada? Cuidado que é crime ocultar qualquer pista...

— Senhor delegado, foi tudo tão rápido, não deu para perceber mais nada.

— Pode ir, na saída deixe o endereço de sua residência e de seu trabalho com o plantonista que está sentado na saída da sala.

Manuel entrou em seguida. Calmo, sabia que estava limpo, sem ficha na polícia, sentou-se, ficou esperando as perguntas.

— Estou gostando de ver, está calminho... Não pense que me engana, já vi gente mais calma que você ser culpado de assassinato. Vai logo desembuchando. Quero saber de tudo. Conte tudo, com ponto e vírgula.

— Doutor, o senhor está brincando. Já sou porteiro daquele prédio há mais de dez anos. Ocorreu essa tragédia em segundos. Eles estavam usando capacetes, mas deu pra ver as mãos, eram pretas, agiram rapidamente como profissionais. É tudo que tenho para contar.

— Você já sabe, se estiver ocultando alguma coisa, além de perder o seu emprego vai pra cadeia, isso mesmo, cadeia. Na saída deixe o seu endereço com o plantonista.

Manuel saiu cabisbaixo, revoltado, a vontade foi dar uns tabefes naquele maldito delegado. Imagine se ia dizer o que tinha visto, não era louco. Seria trucidado pela gangue do Cantagalo, pensava Manuel com toda razão.

A próxima foi Zefa.

— Vamos ver o que a gostosona tem para contar... Desembucha logo se não te mando pra cela, aquela ali que está cheinha no corredor.

— Doutor, o senhor não teria coragem de fazer uma coisa dessas comigo. Só posso lhe dizer que estou cansada de ver aqueles caras lá na feira da Nossa Senhora da Paz, tentando roubar as madames. Fazem ponto naquela zona. Devem ter roubado aquela motocicleta potente. Aqueles negões não tem grana para comprar aquela motoca não. Aquilo foi roubo, doutor. Estavam drogados, pareciam dois loucos, gritavam e diziam assim: "Passa tudo logo, rapidinho." Foi só, doutor, sou gente honesta, pode perguntar pra dona Lourdes, minha patroa que mora no mesmo edifício. Fiquei com muita peninha do dr. Edgar era sempre gentil quando me via, nunca se furtou em me cumprimentar. Quanta gente ruim que mora naquele prédio doutor, podia ter morrido no lugar do dr. Edgar. (Zefa pensava no seu Tocantins que a mandou embora.)

Bateram na porta do delegado para anunciar que o caso da Nascimento e Silva já estava resolvido. Tinham acabado de prender dois ladrões que tinham roubado a motocicleta na Garcia d'Ávila. Foram presos, logo em seguida, tentando assaltar uma senhora na praça General Osório. O dono da motocicleta já foi avisado e está a caminho.

— Desgraçados, vocês deviam ir em cana. — Passou uma esculhambação nas três testemunhas. — Da próxima vez irão presos por não dizerem a verdade — disse o delegado!

Aliviados, Zefa, Arnóbio e Manuel foram embora. Arnóbio estava encantado com Zefa, que negrinha mais bonita, pensava ele, valeu a pena só pelo prazer em tê-la conhecido. Coitado do dr. Edgar, se era para morrer ao menos foi por uma causa digna. Zefa, muito esperta, foi se balançando pro lado do Arnóbio, contou toda a sua história, naturalmente, ocultando certos fatos. Contou tanta miséria que Arnóbio resolveu convidá-la para passar a noite na casa dele.

E assim foram embora. Manuel ansioso para chegar no edifício e relatar os fatos ao síndico. Depois de terem acompanhado Manuel até a portaria, Arnóbio encerrou o expediente.

Com Zefa a tiracolo foi se mandando para a favela. Olhava para a gostosona e vislumbrava o sucesso que faria quando o vissem chegar com ela.

Zefa e Arnóbio, alheios a tudo, subiam juntos as escadarias do Cantagalo.

Manuel

Coitado do Manuel, voltou para casa completamente destruído, humilhado pelo delegado que o havia tratado como um traste, um bandido, logo ele, um excelente funcionário, cumpridor dos seus deveres.

Zefa e Arnóbio o acompanharam até o edifício, despediram-se com um abraço amigo — foram salvos, porque encontraram os verdadeiros bandidos; caso contrário, estariam depondo na delegacia até agora.

Manuel tratou de ir falar com o síndico e narrar o que tinha acontecido. Antes foi ao seu quarto, tomou um bom banho, trocou de roupa e jogou-se na cama. Sua revolta era imensa! Isso não poderia terminar desse jeito, iria contar tudo para o irmão, Zé do Pipo, como era conhecido, que morava no Cantagalo, onde era rei: mandava e desmandava, todos o temiam.

Manuel só subia o morro para visitar a mãe que morava numa casinha construída pelo irmão, com tudo de moderno que existia nas casas das madames. A mãe fingia que não tinha ideia de como o filho conseguia todo aquele dinheiro para comprar aquelas coisas. Manuel todos os dias abria o jornal e ia direto para a sessão de crimes, roubos, assaltos, contrabandos e drogas — morria de medo só de pensar que poderia encontrar o nome do irmão naquelas páginas.

Vieram juntos com a mãe da Paraíba, pendurados num caminhão, passando sede, fome, comendo umas bolachas, um pedaço de charque e era só. Quando chegaram ao Rio foram direto para o Cantagalo — tinha gente da Paraíba que morava no morro. Apesar de bem recebidos, dormiam no chão com as esteiras que trouxeram. No mesmo dia que chegaram, como por um milagre, soube que precisavam de um faxineiro no número 456 da rua Nascimento e Silva. Pegou o emprego e lá estava até hoje. O Zé logo se meteu com gente que não devia, foi apresentado ao gerente do morro e imediatamente se associou aos bandidos. Uma tragédia, pensava Manuel. Fizera de tudo para persuadir o irmão a procurar um trabalho decente, outra maneira de ganhar dinheiro, mas Zé do Pipo não lhe dava ouvidos.

Subiu, foi até o apartamento 504, relatou tudo com todos os detalhes para o síndico que ficou muito pesaroso com o que escutou, disse-lhe que escreveria uma carta de desagravo ao delegado.

Manuel, depois de muito pensar, resolveu subir o morro. Queria falar com o irmão. Cada degrau que subia o coração ia ficando cada vez mais apertado, como se fosse estourar de tanta raiva do delegado. Lá vinham aquelas ideias na cabeça: se fosse rico, não seria tratado dessa maneira. E os ladrões do mensalão, os políticos de São Paulo que até hoje estavam impunes, soltinhos em casa, comendo do bom e do melhor nos restaurantes mais caros do Rio e de São Paulo, e ninguém fazia nada, era um só blá-blá-blá nos jornais. Parava, olhava pra aquela gente desesperançada, morando uns em cima dos outros, ao menos tinham uma bela vista daquela altura, mas isso era tudo. Daqui a pouco apareceriam os políticos, véspera das eleições, prometendo casas, colégios, empregos, lazer para a garotada. E o povo muito do ignorante acreditaria piamente nessas mentiras deslavadas. Há quantos anos continuava tudo igualzinho, e a garotada cada vez mais marginalizada? Sentia falta do sertão. Até hoje não se habituara com essa vida de grande cidade. Deixaram o sítio com a comadre Severina, que sempre mandava notícias. Zé estava sustentando a comadre e enviava dinheiro para o conserto da casa, para que comprasse mais vacas, ou plantasse uma roça, até uma cacimba mandou fazer. Dona Severina só fazia louvar o Divino nas cartas, e a mãe só pensava em voltar. Os dois irmãos nunca se amarraram em nenhum rabo de saia, iam ficando ali e acolá sem nada certo.

Manuel nem sabia o que pedir a Zé, no mínimo que deixasse o delegado aleijado, nada de matar, ele tinha que ficar vivo para sofrer, pagar pelos seus pecados. Lá no outro mundo seria perdoado, São Pedro o deixaria entrar no Paraíso. Ele teria que pagar era aqui pelos seus pecados. Subiu mais uns degraus e já estava cansado. Há quanto tempo ele não aparecia por aquelas bandas? Zé não gostava que ele subisse o morro, era perigoso, podia ser atingido por uma bala perdida. Subiu mais um pouquinho e resolveu sentar. Ficou ali no meio daquele vai e vem dos favelados, mudo, sem ação, imobilizado por uma força que não o deixava tomar nenhuma atitude. Quando viu, estava soluçando convulsamente, se debulhando em lágrimas de tanto sofrimento. Por um moleque que ele conhecia, e passava por ali naquele momento, mandou um recado para o irmão: que o encontrasse na casa da mãe. Muito devagar, foi terminando o seu percurso e, no final da escadaria, já não sabia por que estava ali. Não iria pedir nada ao irmão. Era um louco, estava ficando igual àquela gente. Onde estava sua cabeça, pedir ao mano que matasse o delegado? Que o vingasse? Quanta loucura! Embicou por uma ruela e acabou encontrando a casa da mãe. Tudo limpinho, o Sagrado Coração de Jesus pendurado na parede, a geladeira na sala, uma televisão gigante, que ela mal assistia. Apesar de tudo isso, um ar de tristeza a cercava. Ainda se vestia à maneira do sertão, aqueles vestidinhos de chita, de florzinha, coque, cabelo prateado, apenas não perdera a doçura no olhar.

— Meu filho, que alegria.

— A "bença" mãe...

— Deus te abençoe, Manuel.

Sentou-se e a mãe foi logo fazer um cafezinho fresco num coador de pano.

— Manuel, o que há de errado, estou te vendo triste, calado.

— Mãe, preciso falar com o Zé, é urgente, mãe. — Manuel tremia. — Tem tido notícias da comadre Severina? Como andam as coisas por lá?

Nisso, aparece Zé do Pipo, acompanhado de uma gangue, todos armados até os dentes.

— Manuel, já disse pra você não aparecer por aqui! O que deu em você, moleque?

Zé do Pipo fechou a porta e mandou que seus homens ficassem de guarda. Manuel, quando se viu a sós com o irmão, jogou-se nos seus braços aos prantos, o corpo tremendo com a voz embargada, mal dando para se fazer entender. Foi dizendo:

— Mano, vamos embora! Vamos embora daqui, ainda é tempo. Mano, compre um caminhão e na moita vamos voltar para casa. Isso não é vida, mano. Amanhã te pegam. E a mãe, o que será da mãe sem você? Cria juízo, te rogo, vamos embora.

Zé do Pipo sentou-se, tomou um cafezinho e foi dizendo:

— Logo agora que eu tô dominando o pedaço. Largar a boca para os inimigos?

Manuel ajoelhou-se, agarrou Zé pelas pernas e, chorando muito, suplicou-lhe que pensasse uma vez no bem da mãe.

— Zé, vamos para o sertão, lá a gente começa vida nova. Você será um outro homem, esquece essa gente, viver assim não é vida, sempre cercado por essa gangue. Um dia um Judas aparece e o Zé do Pipo já era.

Zé, abalado com a atitude do irmão e com o silêncio da mãe que lhe suplicava com os olhos cheios de lágrimas, jurou que iria embora.

— Segredo, mano, não conte pra ninguém, tu me dá o dinheiro, eu compro o caminhão e nos mandamos. Não levaremos nada, pra não dar na vista. Mãe escreve pra dona Severina, não mandar mais cartas "pra qui". Segredo, mano. Soube que a polícia está atrás de você. Por favor, pela mãe, vamos embora.

Zé pensou, abriu um cinto que trazia cheio de dinheiro, entregou tudo para o Manuel, deu ordem para comprar o caminhão, concordou que nada levariam.

Manuel lhe disse que já sabia com quem deixaria a casa da mãe. Tinha um amigo muito bom que se chamava Arnóbio, que tomaria conta de tudo com muito carinho.

— Mãe, não leva nada, lá no sertão a gente compra tudo! Arnóbio virá avisar a hora e o lugar que vamos nos encontrar.

Tudo combinado, Manuel partiu feliz, abraçou-se com o irmão, tomou a bênção da mãe e foi tomar providências.

Zé do Pipo, confiante na sorte, saiu com seus capangas morro afora. Resolveu que só faria mais uma jogada, daquelas certeiras, e depois vida nova.

Manuel, munido de dinheiro, comprou um caminhão de segunda, pediu férias ao síndico e, com tudo organizado mandou recado pelo Arnóbio. No dia, hora combinada, chegou Arnóbio, trazendo dona Almerinda pela mão, que vinha lívida, cambaleando, quase desmaiada nos seus braços. Manuel, quando se deu conta, percebeu que Zé tinha ficado, ficado pra sempre no morro (como milhares que já perderam suas vidas, naquele tráfico que não tem fim). Agarrou a mãe que era tudo o que tinha, e abraçou-a com tanta força, tanto amor, tanta esperança.

— Mãe, mãe, faz de conta que ele vai mais tarde, confia, mãe. Isso não era vida.

E foram embora, voltando pro sertão, na Paraíba, em busca de paz e segurança que não encontraram no Rio de Janeiro.

PELO MUNDO

Universo afro-brasileiro

Existe uma África dentro de nós

Estávamos sentados embaixo de tendas imensas admirando as tribos africanas desfilarem, quando me lembrei da Pathé Filmes. Nos melhores cinemas do Rio, antes do filme principal, a Pathé Filmes costumava passar curta-metragens com as principais notícias do mundo — a realeza europeia era figura obrigatória, sempre presente nos noticiários: ora entregando prêmios nas escolas ora recebendo soldados que partiam para a guerra, viajando pelas colônias. Tudo que faziam tinha que ser noticiado; afinal, vivíamos num mundo imperialista.

Uma vez, fiquei encantada com um dos filmes, em que os reis da Inglaterra apareciam sentados em tendas deslumbrantes no Quênia, admirando as tribos africanas, que desfilavam: dançando, cantando, apenas cobertos com plumas, outros com saias enormes de palha. A tribo masai era a única usando panos cor de terra, enfeitados com gargantilhas de miçangas cobrindo todo o pescoço. De longa estatura, fortes, feições delicadas, altivos, desfilavam com lanças, armas para se defenderem dos animais selvagens. Destacavam-se, sem dúvida, das outras tribos que passavam dançando, cantando, sempre acompanhados dos seus feiticeiros.

Para a realeza britânica, era um programa memorável com "seus súditos excêntricos". Não vou ser mentirosa. Achei o máximo as tendas armadas nas savanas, todo aquele espetáculo, sem pensar na humilhação daquelas tribos curvando-se diante dos reis, seus próprios colonizadores. Não, não pensava em nada disso. Apenas admirava, desejava um dia conhecer a África e poder apreciar tamanha beleza. Mas, desta vez, estávamos eu e meu marido, com outros colegas diplomatas, presenciando o mesmo espetáculo, tão mais bonito e garboso: a postura, o orgulho, a vaidade, a variedade, o cuidado com as vestimentas, era tudo bem diferente. Ao lado de nossa tenda, ficava uma outra muito mais imponente com o presidente Keniata e seus ministros que passavam em revista as tribos que desfilavam para festejar o dia da Independência do Quênia. Os tambores tocavam com mais firmeza, eles vinham dançando com alegria. O povo tinha orgulho do seu passado, das suas origens. Livres, inclinavam-se diante do seu libertador, o presidente Keniata. Eles transmitiam uma tal vibração que todos nós compartilhávamos de seu orgulho e alegria. Foi, então, que me veio à lembrança o nosso samba, o jongo com suas origens africanas, o maxixe, as escolas de samba, os batuques, a música, o nosso folclore, tudo ligado à África.

A primeira vez que vi um desfile de escola de samba foi quando elas ainda desfilavam na avenida Rio Branco. Estávamos nas escadarias da Biblioteca Nacional, chovia, mas eu e meu marido não arredávamos o pé, estávamos tão empolgados que nem sentíamos a chuva cair. Foi quando alguém gritou:

— Lá vem a minha Portela com toda empolgação!

Quando olhamos, a águia azul e branca já despontava com as suas mulatas sambando, gingando, os passistas, a porta-bandeira, e principalmente a bateria alimentando a vibração da escola. Na verdade, diria hoje, era a própria África que despontava. Precisei morar no Quênia para sentir toda a nossa ligação com a cultura afro.

Logo em seguida à nossa chegada a Nairóbi, recebemos os representantes do Brasil na Unesco que vieram para mais uma reunião anual. Tivemos sorte com a comitiva, eram todos amigos: o embaixador Paulo Carneiro, o embaixador Grieco, que trouxe o conjunto Viva Bahia, e o embaixador Ilmar Pena Marinho, chefiando a delegação do Brasil.

Aí deu-se o contrário. O povo africano ficou maravilhado, delirou quando viu o grupo Viva Bahia apresentando-se no teatro de Nairóbi. As cenas do nosso folclore, nossos batuques, a capoeira, as iniciações tribais, o carnaval no Rio com belíssimas fantasias, o frevo, praticamente era a África presente em todos os quadros.

O presidente Keniata, quando soube do sucesso, exigiu conhecer o grupo. O convite foi bem estranho, não nos disseram a hora nem o local onde iríamos encontrar o presidente; apenas o dia, e que ficássemos esperando na embaixada do Brasil com todo o grupo. Um diplomata africano nos conduziria até o local. Mandaram um ônibus com motorista e guardas que nos levaram até uma fazenda muito longe, num lugar ermo e bem distante de Nairóbi. Estávamos impressionados com a segurança em torno do presidente

Ao chegar, fomos encaminhados para uma tenda rústica coberta de sapé; ao lado outra muito suntuosa, onde ficaria as autoridades com seus convidados. O grupo de artistas foi levado para uma pequena choupana que lhes serviu de camarim. Não demorou muito a comitiva chegar e o presidente passar por nós sem nem estender a mão. Sentaram-se em cadeiras bem mais confortáveis que as nossas e foi dada a ordem de começar o espetáculo.

Sucesso absoluto. As nossas mulatas quase nuas com os seios à mostra encantaram o presidente Keniata, que delirava, ria a valer. Terminou com o grupo dançando um frevo bem pernambucano, sem falar das cenas repetidas inúmeras vezes. O Brasil brilhou. Na saída, a comitiva nos saudou com um sorriso amável, para nossa felicidade.

Foi uma oportunidade única presenciar o Brasil e a África entrelaçados.

Existe uma África dentro de nós.

O mercado de Nairóbi

O mercado da cidade de Nairóbi era muito pitoresco. Preferia muito mais frequentar o do centro do que comprar nos mercados dos bairros elegantes de Muthaiga, esses seriam iguais aos que encontraria em qualquer lugar do mundo. O mercado do centro ficava dentro de um galpão enorme, muito escuro, só entrando luz pelas portas principais. As mulheres, todas vestidas com cangas enroladas no corpo e sempre com turbantes na cabeça, vendiam legumes, verduras, muitas folhas, especiarias (herdaram o gosto das especiarias dos indianos), tudo isso dentro de cestos lindamente trançados, feitos com folhas secas de bananeira. Ficavam sentadas em banquinhos bem baixos, às vezes viam-se crianças bem pequenas amarradas junto ao corpo das mães que se movimentavam com muita habilidade, vendendo, pesando e pegando o dinheiro.

Os peixes chegavam de Mombassa pela manhã, sempre depois das dez horas, um espetáculo à parte. Foram os peixes mais coloridos que vi em toda a minha vida, a ponto de alguns se chamarem "peixes-papagaios". As lagostas enormes, vivas, mariscos de todas as espécies, e assim eu voltava carregada do mercado. Chegava a ser um certo exagero. Tive que aprender a cozinhar lagosta e foi um horror saber que devia colocá-la viva na panela. Depois desse aprendizado torturante, fui passando os meus conhecimentos para Joseph, meu cozinheiro africano.

Nairóbi me parecia uma cidade de faroeste. Os edifícios baixos, quase sempre de madeira. Vez por outra se via uma construção moderna contrastando com a harmonia do lugar.

Gostaria de guardar aquela imagem da cidade, bem colonial, acolhedora.

Os indianos tomavam conta do comércio da cidade. Não eram queridos porque tratavam muito mal os seus empregados africanos. Havia bairros só de indianos, e quando se passava de carro dava para se sentir o cheiro do curry no ar. Andavam vestidos a caráter: as mulheres de sari e os homens com suas túnicas *à la* Gandhi. Nairóbi deve ter mudado muito depois da morte do velho Keniata, o grande líder que libertou o Quênia do jugo dos ingleses.

Falaria do Quênia horas sem parar, dos safáris maravilhosos que tive oportunidade de fazer, dos parques nacionais, de Mombassa e seus africanos, dos indianos costurando a máquina no meio das ruas, dos barbeiros ao ar livre, sempre embaixo de árvores frondosas, dos elefantes no Tsavo Parque, dos maravilhosos baobás — árvores gigantes, imensas, berçário de vários pássaros. E tanto mais. Quando se entra em um parque, a liberdade que se sente vendo todos aqueles animais soltos é indescritível — até o cheiro que vem da terra é diferente. E quando a chuva cai, não para mais, são meses de chuvas, a chamada estação das monções. O meu parque ficava lindo depois de uma chuvarada.

    Eu amei o Quênia e o escolheria como meu Éden, o meu paraíso. E é para lá que vou em pensamento quando quero relaxar. Para o meu parque, que não acredito (e nem quero imaginar) que tenha pertencido a uma outra pessoa.

Bucareste

O verão e o cheiro de Bucareste

Hoje, lembrei-me de Bucareste. São dessas coisas que a gente não sabe explicar. Fui ver um filme de um diretor romeno e a história se passava perto de Bucareste. Fiquei horrorizada com o lado sombrio da cidade, sua arquitetura stanilista, escura, os personagens complicados, de uma tristeza absoluta. Trataram de filmar só o lado feio. Saí do cinema revoltada, horrorizada, profundamente deprimida, perguntando-me como foi possível viver oito anos naquela cidade.

Voltando para casa, a lembrança de Bucareste não me saía da cabeça e a memória me foi chegando aos poucos. Lembrava-me do verão e do perfume que as árvores de tília exalavam nessa época. Tudo mudava. Eram as tílias que, carregadas de flores, perfumavam as ruas de Bucareste com aquele cheiro cítrico, fresco e inebriante. Quando passava de carro por essas avenidas, pedia sempre que o motorista me deixasse por perto, queria admirar aquela multidão pendurada nas escadas, com sacos presos às cinturas, recolhendo as flores das árvores. Sentava no primeiro banco que encontrava e ficava admirando aquele costume que passava de geração em geração. O povo fazia isso com tanta alegria, só para ganhar uns míseros leis.

O bulevar Bucareste era lindo com suas árvores bem frondosas, carregadas de flores. Imaginava aquele espetáculo tão bonito, tão humano, quando tomava chá de tília após as refeições. Lembrarei sempre da alegria daquela gente tão sofrida, que sabia esquecer por momentos suas tristezas e privações. Posso fechar os olhos e ainda ver aquelas mulheres, aquelas crianças, conversando, cantando, rindo, penduradas nas escadas colhendo as flores de tília.

Já começava a entender por que amara aquela cidade.

Tenho um carinho especial por Bucareste. Fiz o possível para não me deixar levar pelo pessimismo. Procurei sempre ver o lado bonito: Bucareste com suas antigas construções, suas belíssimas igrejas ortodoxas, tão introspectivas, sem falar no povo que era tão simpático. Quando conto as histórias que vivenciei em Bucareste, meus amigos não chegam a acreditar. Acham que é tudo fantasia. Mas posso lhes provar mostrando as fotografias dos passeios que fazíamos, das igrejas ortodoxas perdidas no campo, daquelas freirinhas de preto varrendo as folhas na relva, irradiando uma felicidade, uma paz que chegava até nós. As igrejas sobreviviam milagrosamente, lindas, com muitas velas acesas apesar da quase proibição religiosa. Aos domingos e feriados, combinávamos com amigos para visitar os monastérios mais perto da cidade. Andávamos horas de automóvel, sempre íamos em grupo de dois, três carros e, como os restaurantes eram ruins nas pequenas aldeias, fazíamos piqueniques — no caminho, parávamos sempre em lugares pitorescos.

Minha memória havia registrado tudo aquilo.

Era muito natural ver rebanhos de carneiros com seus pastores vestidos a caráter, cachorros que guardavam as ovelhas, correndo de um lado para o outro. O tempo havia parado naquele lugar. Sentia uma vontade imensa de fazer parte daquele quadro bem na minha frente. Tinha certeza que seria feliz. As frivolidades que tomavam conta da minha vida deixariam de existir. Ficava deslumbrada com aquela paisagem e não parava de tirar retratos e mais retratos, guardando para sempre o que via. A verdade é que não preciso de retratos, toda aquela beleza ficou registrada e muito bem guardada na minha memória, detalhe por detalhe.

Via poesia nas praças, nas ciganas vendendo flores, bem gordas, vestidas com várias saias, uma por cima das outras, aventais, lenços coloridos nas cabeças, alegres, apesar de tudo. Era um prazer quando ia fazer minhas compras na praça Hansei. Divertia-me vendo os pitus de água doce que traziam para vender, vivos, pulando em cima das bancadas na feira. Encontrava-se de tudo naquela praça durante a primavera: morangos, amoras, aspargos enormes, grossos, cogumelos de espécies variadas — as vendedoras, tão espertas, guardavam tudo escondido embaixo das bancadas, só vendendo para quem pagasse mais. As primeiras frésias de cores variadas chegavam sempre com as flores mais delicadas, que enfeitavam os buquês das ciganas.

— Compra, *duona* Christina compra.

Chamavam-me pelo nome, era impossível resistir. Ficava feliz, voltava com o carro carregado de buquês dos mais variados. Posso dizer-lhes que eram verdadeiras obras de arte. Até a pintar acabei aprendendo, para retratar os buquês das ciganas. Os meus olhos não viam o feio, não viam o grotesco, só queriam ficar com a parte bonita e pitoresca da cidade.

E a floresta de Baneasa? Já ia esquecendo. Uma verdadeira floresta nos arredores, onde era permitido passear. Era um prazer acompanhar as mudanças das estações. Estava sempre por lá com o meu cachorro Simba. Soltava a sua coleira e o deixava correr, livre, feliz, pela relva, mas ele logo voltava com medo de se perder.

No outono, a floresta ficava deslumbrante, toda avermelhada; branca no inverno, a neve pendurada nas árvores caía congelada em forma de estalactite. A floresta virava uma catedral gótica. Na primavera, as primeiras folhinhas iam brotando, um verde bem claro que se transformaria, no verão, num verde forte, vigoroso, deixando-a cerrada, protegida, quase impenetrável.

Que saudades das castanhas assadas vendidas nas esquinas das ruas. Não conseguia resistir, aquecia as mãos pegando naqueles pacotinhos, descascando e comendo sem fazer a menor cerimônia. Tudo isso enchia a minha vida em Bucareste. Era um grande programa também visitar os ateliês dos artistas. Verdadeiros mestres, tão pouco conhecidos na Europa.

Volto para casa com Bucareste na cabeça.

O filme valeu.

Agora compreendo como foi possível sobreviver esses oito anos. O lado feio, triste, lúgubre, preferi ignorar. Se foi justo, não sei.

Meu amigo Nilson tinha toda razão quando me dizia:

— A felicidade está onde a gente a coloca.

Na memória

Voltar a Bucareste em pensamento nem sempre é um programa dos melhores. Já faz tantos anos que morei por lá e o pior é que não sinto que esses anos passaram. Sinto muita falta das boas amizades, das amigas maravilhosas que me fizeram tanta companhia ajudando a combater o tédio, levando-me para aulas de pintura, de bridge, a procura aos ateliês dos artistas, passeios lindos mostrando outra Bucareste.

O problema é que os meus amigos partiam depois de três, quatro anos no posto, no máximo é o que ficavam. Bucareste era considerado um posto de sacrifício: no desvio diplomático, como costumavam dizer. Para os europeus nem tanto, estavam perto de casa, os filhos podiam vir passar as férias sem a menor dificuldade ou eles mesmos se locomoviam de automóvel sem muito gasto financeiro. Mas nós, latinos, nos sentíamos no próprio desterro.

Tive várias amigas, mas foram com as belgas e as espanholas que tive mais sintonia, foram realmente minhas amigas de verdade. Infelizmente, por ironia do destino, morreram. Incrível.

Como foi deprimente ter recebido duas cartas me participando a morte de minhas amigas, Anne e Anita! Foi Anne Madens, minha amiga belga, que conheci em Nairóbi, quem morreu primeiro. Recebi uma carta de Peter, seu marido, me comunicando seu falecimento. Depois foi a de Anita Tavernier, que conheci em Bucareste. Com Paul, seu marido, fizemos uma grande amizade. Meus companheiros de piquenique, das buscas dos endereços dos artistas. Em Bucareste, saíamos os três tentando burlar os guardas para visitar os artistas em seus ateliês. Paul conseguiu fazer uma belíssima coleção de pintura romena. Anita, linda, loura, tocava piano, piano que foi parar na nossa embaixada, porque com o terremoto os Taverniers tiveram que mudar de casa, e não tinham como guardar o seu piano no novo apartamento. Quando se mora num isolamento como na cortina de ferro, essas amigas fazem parte da nossa vida. Com elas podíamos desabafar, falar de qualquer coisa, e dar um bom-dia já era de extrema importância.

Como foi possível ter esquecido o nome de Martha, a mulher do embaixador chileno. Nada no mundo me fazia lembrar do seu nome e logo Martha, com quem convivi por tantos anos. Tinha uma sabedoria de vida aquela mulher, um equilíbrio invejável. Vivia muito bem aquele casal. Passavam todas as tardes juntos, Mario só trabalhava na parte da manhã. Moravam num apartamento simples, pequeno para um embaixador, mas não faziam caso. Acho até que só tinham uma empregada que nem dormia na residência, e Martha dava conta do recado. Recebia um grupo às tardes para ouvir música, ela mesma nos servia um refresco, tudo na maior simplicidade. Representavam o governo Pinochet, de quem eram ferrenhos defensores, e que na época, incrivelmente, fazia grandes progressos econômicos. Nos servia um vinho chileno maravilhoso Cordillera Del Diablo uma coisa assim, mas o vinho era realmente saboroso, seco, perfumado. Hoje, quando encontro no supermercado o Cordillera Del Diablo lembro de suas reuniões tão simpáticas.

Como gostaria de saber que fim levaram. É a vida de diplomata, que une e desune.

Saudades

Lembro-me bem quando chegou a primeira nevada em Bucareste. No meu quarto de dormir havia uma janela arredondada que dava um certo charme ao ambiente. Dominava-se a vista de toda a rua coberta de neve, os telhados de ardósia das casas vizinhas que davam imponência à rua, os portões de ferro, os jardins gradeados, tudo artisticamente trabalhado. Ficava grudada na janela adivinhando o que estava se passando naquelas casas. A neve caindo, eu ali parada querendo guardar para sempre aquele momento, todo branco, triste, triste. Todas as casas de minha rua, ou quase todas as casas de Bucareste, na época do comunismo, estavam ocupadas pelo governo, e as mais imponentes foram cedidas às embaixadas. Em frente, ficavam as guaritas com dois guardas, sempre muito bem uniformizados, casacos compridos, botas, gorros forrados de pele, enluvados, ficavam horas andando de um lado para o outro, tudo observando para depois fazerem um relatório que entregavam às delegacias que se ocupavam das nossas residências. A chegada de carros, a saída de quem quer que fosse, era tudo anotado. Com neve, ou sem neve, a nossa vida era toda monitorada.

A primeira nevada deixava a rua imaculadamente branca, a neve batendo nas janelas, os aquecedores da casa trabalhando a todo o vapor. Gostava de fotografar aqueles primeiros momentos: a casa, os jardins, os telhados vizinhos, todos branquinhos, parados no tempo. Mais tarde começavam a aparecer os pedestres que passavam encolhidos, pobremente agasalhados, à procura de um transporte: quando a nevada era muito forte, os ônibus ficavam impedidos de entrar na rua (no meu boulevard do Dacia). Cedo, bem cedo, já parecia noite, a neve branca contrastava com aquele dia cinzento, pesado, muito triste. Que diferença quando acordava no dia seguinte e o sol resolvia aparecer, a paisagem era outra: a mesma neve, os mesmos portões, mas tudo tinha um outro ar, um ar lavado, puro, a luminosidade que vinha com um frio de rachar.

Hoje, aqui sentada em meu apartamento em Petrópolis, me veio à lembrança a minha Bucareste. Afinal, morei oito anos naquela cidade e esse friozinho úmido que entra nos ossos me trouxe saudades do tempo que passei por lá.

Como gostaria de voltar a Bucareste, mas não teria coragem de ficar hospedada na casa em que vivi tantos anos. Aquilo tudo era tão meu — o quarto de dormir onde passava tantas horas, ora lendo, ouvindo música, bordando minhas almofadas, sempre com a BBC ligada para ficar informada de todas as notícias. Como era duro viver num regime ditatorial, ter a vida vigiada a cada passo, sem manter conhecimento com os locais e saber muito bem que, quem se aproximasse de você, no mínimo seria um espião para colher informações em troca de favores do governo. Tudo era intencional. Mas, apesar de todas as dificuldades, criei amor àquele país, sempre procurei só ver o lado bonito da cidade: das praças de comida, equivalentes às nossas feiras de verduras e legumes, onde fazia questão de ir pessoalmente com o motorista fazer as compras da casa; as flores que eram vendidas pelas ciganas, os buquês mais artisticamente decorados que vi em toda minha vida... Chegavam a ser delirantes de tão bem elaborados. Poéticos, talvez seja a expressão mais correta. Cheguei a filmar uma dessas ciganas fazendo um buquê. Na praça era conhecida por *duona* Christina e ficava toda prosa — embaixatrizes existiam muitas, ao menos sabiam o meu nome. Não me sai da lembrança àquela cigana atrás de mim, me pedindo:

— Compra *duona* Christina, compra... — e voltava com o carro cheio de flores que iam enfeitar a casa e minha vida.

Era um programa dos melhores ir ao campo — ficava deslumbrada com os pastores vestidos a caráter, perambulando naquelas montanhas arredondadas, ora cobertas de neve, ora de flores silvestres com a chegada da primavera e todas verdes no verão, as igrejas lindas, perdidas, abandonadas pelo governo, mas incrivelmente bem guardadas pelos monges e freiras ortodoxas. Quantas vezes saíamos em caravana de dois ou três carros diplomáticos para visitar igrejas, monastérios e, no caminho, parávamos, sentávamos na relva, perto de um riacho e dividíamos um piquenique de fazer inveja. Pensava nas minhas amigas do Rio de Janeiro que jamais poderiam visualizar e compreender tamanha maravilha. Fazia mil projetos: voltando ao Rio trataria de fazer a mesma coisa.

Imagino: sentada com as minhas amigas em volta do nosso piquenique, o que não aconteceria? Melhor nem pensar.

Grécia

Mikonos

Passaram rápidas as nossas férias. Não posso esquecer aquele azul mediterrâneo que nos cercava de todos os lados. Os iates, as lanchas modernas, um veleiro corsário preto, de velas também pretas, a praia borbulhando, repleta de turistas dos mais excêntricos, tudo isso bem na frente de nosso hotel. Mikonos toda branca era linda, fascinante, famosa pelos seus três moinhos que de longe rodavam ao sabor do vento. Com muita naturalidade encarávamos toda essa loucura, e divertíamo-nos a valer com tanta gente excêntrica à nossa volta.

Foi um momento de harmonia para o casal, que estava mais do que necessitado, e os meninos souberam aproveitar ao máximo o que havia de melhor na ilha. Aos domingos, um padre francês aventurava-se cruzando aqueles mares bravios para celebrar missa na única igreja Católica que havia na ilha. Apesar de quase despidos, os turistas recebiam a comunhão das mãos do padre francês. Era assim Mikonos, tudo era permitido, só os habitantes da ilha, que não se misturavam com os demais, continuavam a levar a mesma vidinha: mulheres vestidas de preto, panos na cabeça, camponeses vestidos a caráter cuidando das cabras, dos jumentos, subindo e descendo aquelas escadarias impecavelmente brancas.

Com muita tristeza chegou finalmente o dia de nossa partida. De malas prontas, fomos dar um adeus àquele mar que nos havia acolhido com tanto amor. De nossa varanda demo-nos as mãos e começamos a dançar o que havíamos aprendido nas buzukias. Quando estávamos na maior empolgação vimos o nosso navio partindo mar afora. Foi um choque. O nosso mundo ruiu, não sabíamos nem o que fazer, por onde começar. As famosas discussões começaram. Cada um tratava de jogar a culpa um no outro e não chegávamos a nenhuma conclusão.

Foi aí que nos veio a ideia de irmos pessoalmente à agência de turismo que representava o cruzeiro. Nada pode ser feito. De tão eufóricos, havíamos esquecido de confirmar a saída do navio, o bilhete dizia que ele só partiria às três da tarde. Quase enlouquecemos, nossa volta estava tão bem organizada, os horários certos: tomaríamos o trem em Veneza e meu marido assumiria o seu posto no dia seguinte em Milão. Tentamos até fretar um avião, ainda não havia esse tipo de transporte na ilha.

Depois de um sufoco tremendo, o agente de turismo nos indicou um barco bem popular que partiria de Mikonos às cinco horas e chegaria a tempo de alcançar o nosso navio. Exauridos, estressados, todo nosso prazer e a alegria acumulados naqueles dias foram embora. Tomamos o barco e, de tão atrapalhados, deixamos no cais uma mala cheia de lembranças que havíamos comprado para nossa futura casa de campo em Teresópolis.

O barco partiu lotado, conseguimos os últimos bilhetes. Fomos cercados por cabras, galinhas, perus, caixas abarrotadas de queijo feta, que os camponeses levavam para vender em Atenas. O cheiro era insuportável, dos bichos misturado com o cheiro dos camponeses. O barco jogava pra valer. E, de tão enjoada joguei-me no chão.

Finalmente chegamos. Um motorista de nossa embaixada em Atenas, fora mandado para auxiliar-nos e levar as malas. Nos esperava desapontado. Havíamos perdido o navio por segundos. Mas ainda restava-nos uma última esperança. O motorista Costa Gambaros, que já havia trabalhado conosco em Atenas em 55, soube que havia no porto um navio italiano que partia para Veneza à meia-noite. Se o comandante nos aceitasse, teríamos tempo de pegar o nosso trem. Tudo resolvido, agradecemos ao amigo Costa.

Conseguimos pegar o mesmo trem que saía de Veneza na hora programada. No vagão, cansados, mal conseguíamos comentar o que havia acontecido. Como fora possível esquecer de confirmar as passagens? O mais importante foi o meu marido conseguir voltar das férias no dia certo, como combinado. Ele, como chefe da missão, não poderia faltar ao seu dever.

Férias tumultuadas, mas só felizes quando relembradas no papel.

Nós e os meninos não víamos o momento de chegar a Mikonos. Nosso cruzeiro saía de Veneza, faria uma parada em Atenas e depois zarparia por ilhas paradisíacas ficando tempo suficiente para conhecermos bem a região. Em Atenas, só pensava em ter tempo de levar os meninos à Acrópole e de ainda poder voltar à casa onde moramos, na rua Jasmneno 7 (em português quer dizer jasmim). Tudo aconteceu como imaginei. Só não contava com a emoção que senti ao subir os Propileus.

Era uma outra mulher que subia aquelas escadarias. Quantos anos haviam se passado, quantas perdas e tristezas tive de enfrentar.

Lá estava o Parthenon, a luz do sol dava ao mármore do Pentélico tons rosados, tinha ficado mais lindo ainda. Quando morei em Atenas, considerava o Parthenon meu templo, centro do meu mundo. Gostava de ir ver o pôr do sol e ficar horas sentada nos degraus da Acrópole, sonhando com as histórias da mitologia e dos seus deuses, tão humanos que me fascinavam. Agora, olhava para aquele monumento, lembrando do prazer que tive em levar meu pai para conhecer o Parthenon e de estar com meu grande amigo Nilson, que foi o meu melhor guia, explicando-me detalhe por detalhe dos templos, levando-me depois para comer nas tascas dentro de grutas ao pé da Acrópole, como se fazia na época. Nilson conhecia tudo através dos livros, das tragédias e da filosofia gregas. Dominava cada pedaço da Acrópole. Era um homem de grande cultura, sabia explicar, ensinava sem que me fizesse sentir ignorante.

Saudades de meu pai e do Nilson.

Contratamos um guia que foi explicando tudo para os meninos. Depois, ainda tivemos tempo de levar os filhos à casa onde moramos e tirar fotos onde costumavam brincar no jardim. Ainda estavam lá as figueiras que deram tanto prazer ao meu pai. Acordava ele bem cedo e ia comer os figos ao pé da árvore com o mel ainda saindo das frutas.

Meu pai, meu querido pai.

Essa parada em Atenas foi cheia de emoções. Depois partimos para as ilhas: subimos as colinas de Patmos montados em jumentos; Ephesus, no continente, foi o ponto máximo, ruínas muito bem conservadas. Rhodes, a mais rica, a preferida dos italianos quando ocuparam a Grécia. Cada ilha tinha uma história curiosa na mitologia. Os deuses gregos adoravam fazer amor nas ilhas e, como exemplo, temos Apolo, que nasceu em Delos. Conhecer um pouco de mitologia com um bom guia nos ajudava a ver aqueles templos que, por mais destruídos que estivessem, erguiam-se na nossa imaginação com toda a sua majestade. Por ali andara Ulisses, eram as ilhas da Cíclades. Em Santorini, os iates costumavam fazer escala para limpar os cascos de suas embarcações. O vulcão sempre em ebulição deitava muito enxofre, ideal para uma boa limpeza.

O nosso plano era ficar em Mikonos três semanas e depois embarcar quando o navio passasse de volta. Infelizmente, não foi o que aconteceu. Quando vejo hoje os transatlânticos com treze deques, lembro do pequeno navio que nos levou a tantas ilhas, cada uma mais charmosa, mais branca que as outras.

Que vontade, hoje, de ter aquela idade plena e de ficar absorvida naquela atmosfera.

O nosso hotel não ficava no miolo da ilha, tínhamos de pegar um ônibus — parecido com o 52 que fazia ponto perto do Jóquei Clube, no Rio de Janeiro — bem no centro da cidade. O ônibus de tão velho ia sacolejando, subindo as falésias, bem parecidas com o caminho da avenida Niemayer. Cada curva que fazia nos deixava com o coração na mão, cada descida e subida parecia que ia projetar-se para o mar, subia e descia espremido entre o mar e a montanha. O motorista parecia um louco e, entre trancos e solavancos, acabávamos chegando ao nosso destino sãos e salvos.

Sempre fomos matutinos, tomávamos o nosso café da manhã já preparados para ir à praia. Éramos sempre os primeiros a chegar. Que sonho, aquele mar calmo, azul-turquesa, transparente, nos acolhia de braços abertos. Infelizmente, quando a praia ia ficando cheia, animada, já era hora de voltar para o almoço no hotel. Pergunto-me, por que não ficávamos até mais tarde comendo aquelas guloseimas que nos ofereciam na praia? Voltaria no tempo, na máquina do tempo e ficaria com meu corpinho curtindo aqueles momentos únicos, divinos, celestiais, que nunca mais voltariam.

Os meninos se divertiam com a fauna humana. Todos os dias aparecia o mesmo vendedor vestido de preto com seu quepe *à la* grega, vendendo umas coisas estranhas, muito ocultas — era a droga que corria solta na ilha. Voltávamos com um apetite voraz. A comida grega não é famosa, mas traçávamos tudo que nos serviam. As frutas deliciosas, guardavam um perfume, um sabor único, o famoso *mussaka* aparece todos os dias no cardápio.

O hotel não era dos melhores da ilha, veio com o pacote. Para um hotel de praia era mais do que necessário. À tarde, pegávamos o ônibus que parava em frente e quando chegávamos ao final do ponto nos dirigíamos ao cais para comprar o *Le Monde*. Procurávamos um café tranquilo e ficávamos horas lendo o jornal, tomando água Karandani. Bronzeados, felizes, esticávamos as pernas e ficávamos admirando os turistas que passavam, sem falar no famoso pelicano, mascote da ilha, que às vezes nos dava a honra de passar bem na nossa frente.

De tanto ir ao cais, já conhecíamos todos os turistas que vinham de diferentes partes do mundo passar férias na ilha. Realmente, havia gente que ficava meses perdidos naquele paraíso. Nas mesas ao lado, a *ouzo*, um tipo de cachaça, era sorvida de montão.

O nosso dinheiro era contado e fazer turismo com toda a família não era brincadeira. Quando começava a anoitecer e aquele sol imenso ia embora, o cais ficava lotado, não se encontrava mais uma mesa. Os gregos, em geral, são ótimos garçons, não reclamam de nada, pode-se ficar horas tomando um copo d'água e um café turco que eles não perdem o bom humor, trazem sempre um pano pendurado no braço para limpar a mesa (o pano era sempre imundo). Mas até isso dava um certo charme. Os meninos estavam em grande forma, não reclamavam de nada, esperavam com muita paciência pelo sanduíche, que era servido por um cozinheiro muito simpático. O quiosque ficava perto do cais numa esquina pitoresca, sentávamos na beirada da calçada toda pintada de branco e nos deliciávamos com o nosso hambúrguer, bem grande, suculento e principalmente alimentício.

Bem fornidos, começávamos o nosso passeio pelas ruelas. O branco por todo lado, a música grega já estava no ar, as lojinhas exibindo lembranças feitas em Mikonos, blusas, saias bordadas pelas camponesas, quepes pretos, sempre pretos, cópia de cerâmicas antigas, e o famoso joalheiro grego, Zolotas, conhecido no mundo inteiro, não deixaria de estar presente em Mikonos com sua loja, onde, só entravam milionários que saíam carregados de joias inspiradas nas joias gregas antigas.

Quando perdíamos o ônibus da volta, ficávamos vagando pelas ruelas, entrávamos nas tavernas para escutar música e aprender a dançar os ritmos locais. Os meninos, logo se soltavam para o meio da pista misturando-se com os turistas. Voltávamos de táxi tão felizes, que pagávamos o motorista que nos explorava sem nada reclamar.

A nossa volta foi traumática, é verdade. Sofremos um bocado, pagamos o que gozamos com muito sacrifício. Mas, no final, repetiria tudo de novo.

Grécia e ícone

Falar de ícones, mitos, não seria possível sem falar de Nilson Resende.

Nilson foi uma das pessoas mais importantes que conheci em toda a minha vida. Graças a ele, aprendi a resolver muitos problemas com uma simples frase: "A felicidade não se encontra; a felicidade está onde a gente a coloca."

E como foi importante para mim!

Estávamos morando em Atenas quando Nilson apareceu pela primeira vez a nossa procura. Telefonou para a embaixada e logo nos localizou. Foi assim que ficamos de ir buscá-lo no dia seguinte no hotel.

Não conseguia conter a minha felicidade, não via a hora de revê-lo. Que surpresa conhecer aquele homem que havia salvado a minha vida quando tinha apenas cinco anos. Quantas vezes escutei essa mesma história contada em verso e prosa: Nilson fora a nossa casa na rua Alfredo Chaves para despedir-se e agradecer meu pai o que tinha feito por ele. (Estava envolvido num movimento comunista e naquele momento, no Rio de Janeiro, só se falava em prisões. A polícia do ditador Vargas não brincava em serviço e todos os amigos de Nilson sabiam que ele seria o próximo alvo. Sendo meu pai muito amigo de Adalgisa Nery, conseguiu com ela, por intermédio de seu marido, Lourival Fontes, que o mandassem para fora do Brasil. Depois de procurarem muito, conseguiram-lhe um lugar de pesquisador ligado à medicina, na Universidade de Columbia, em Nova York.

Nilson, por ironia do destino, fora salvo na hora do gongo pela própria corriola do Getúlio.

Chegando lá em casa, meus pais logo lhe pediram que me examinasse. Estavam preocupadíssimos com a minha saúde. Eu ardia com uma febre que não havia meio de baixar. Lembro, como se fosse hoje, daquele homem alto, muito simpático, entrando no quarto dos meus pais e brincando comigo:

— O que esta menina está nos aprontando?...Vamos lá, vamos abrir esta boquinha.

Que surpresa para todos. Uma pele fininha já estava quase fechando a minha garganta.

— Difteria — diagnosticou imediatamente!

Ficaram atordoados, mas Nilson, muito calmo, foi pedindo que esterilizassem uma pinça de minha mãe e logo resolveu tudo muito rapidamente.

Desde então passei a ter um salvador! E o meu salvador estava em Atenas. Aquele homem alto, de cabelos pretos, havia mudado muito. Encontrei um senhor calvo, grisalho e vesgo. Incrível como não me lembrava que ele era muito vesgo! Só a sua voz continuava a mesma. Como havia envelhecido o meu salvador.

— Christina, você está uma moça! Quem diria, aquela menininha amedrontada hoje está aqui em Atenas, mãe de dois filhos!

Fazia dezessete anos que não via o Nilson, mais que uma eternidade! Hoje, dezessete anos atrás, me parece ontem. O tempo tem uma duração diferente quando se é mais velho...

Como Nilson iria ficar poucos dias em Atenas, ficou resolvido que o levaríamos essa tarde ao cabo Sunion e, no dia seguinte, me encarregaria de mostrar-lhe a Acrópole. Tudo resolvido, começa o nosso passeio costeando aquelas praias que não eram tão bonitas: Glyfada, a praia mais frequentada. Vouliagmeni, a mais deserta com alguns quiosques, onde se podia comer um linguado grelhado delicioso. Programa obrigatório quando meus pais vinham nos visitar.

Nilson, que já havia se tornado nosso íntimo, falava sem parar. Num antiamericanismo ferrenho, ia desenvolvendo as suas teorias marxistas, tentando nos catequizar. Como andava revoltada com a política americana depois que recusaram o visto de entrada de meu pai, encontrava em Nilson o meu porta-voz.

Foi muito triste e revoltante a era do macarthismo na América. Morávamos em Washington nessa época e meus pais viriam para o nascimento do meu primeiro filho. Depois que a imprensa brasileira fez um escândalo em torno dessa notícia tão absurda e que notas de adesões saíram diariamente nos jornais a favor do meu pai, a embaixada americana resolveu voltar atrás, mas aí já era tarde. O velho Zé Lins desistira de conhecer os Estados Unidos.

O meu salvador era um verdadeiro cíclope vestido de Marx com falas de Sócrates.

Para ele, os Estados Unidos mudariam de política com um simples estalar de dedos. Coitado, imagine se tivesse vivido para presenciar a época do Bush.

O cabo Sunion se aproximava com o entardecer. Já se podia ver ao longe o templo de Poseidon com suas doze colunas pálidas e trágicas. Iríamos procurar na base de uma dessas colunas o nome que Byron, romanticamente, havia gravado. Pensando bem, seria um certo absurdo se toda celebridade pensasse em deixar os seus autógrafos nos monumentos históricos. Mas, enfim, Byron era Byron.

A nossa cabeça teria que trabalhar muito para levantar todas aquelas ruínas, imaginar o mar Egeu com suas galeras empinando as velas, passando em frente ao cabo Sunion e saudando a ilha de Patrocle.

No dia seguinte, fui apanhar Nilson, como tínhamos combinado. Iria me levar para almoçar nas Placas, ao pé da Acrópole. Talvez já tivesse passado em frente, não me lembrava. O ambiente era sombrio, como se estivéssemos dentro de uma gruta. Pequenas mesas, cadeiras com assento de palha, fogão a lenha com panelões enormes, escuros, queimados pela chama do fogo. Serviam uma comida gordurosa à base de carneiro e muito *mussaka*. Era ali, segundo ele, que Sócrates e Platão se reuniam com seus discípulos para conversar, comer e trocar ideias. Já me sentia uma discípula do Nilson. O tema fraternidade, igualdade, era o seu preferido. Já olhava para aquele ambiente com outros olhos. Nilson também sabia ouvir, e eu me via, de uma hora para a outra, conversando, contando as minhas experiências ao chegar em Atenas e as dificuldades que havia encontrado. Há quanto tempo precisava falar aquilo tudo, desabafar e não tinha com quem! O Nilson me estava sendo precioso.

O mais importante me aguardava: eu teria que ser a guia do Nilson e conduzi-lo à Acrópole. Não seria muito necessário, pois toda sua formação vinha da Grécia. Subimos os Propileus emocionados! Estávamos entrando na morada dos deuses, sentia-me a própria ateniense, levando as minhas oferendas para a deusa Atenas.

Já não fazia tanto calor

O Parthenon, com toda a sua força e majestade, estava a nossa frente. Existia algo de mágico naquelas pedras; não sei se seriam as histórias da mitologia que nos envolviam, mas aquelas ruínas nos faziam sonhar, nos transportavam para um outro mundo, um mundo de fantasias cercado pelos deuses do Olimpo. Cansado, o meu amigo encontrou um lugar para sentarmos e ficar esperando pelo pôr do sol. Nilson, tocado por aquela magia, resolveu desabafar e contar por que viera para a Grécia. Estava fugindo de uma grande perda. Havia sido abandonado por uma mulher que havia amado muito. Largara-o e voltara para o Brasil. Decidiu voltar para o marido que, meses atrás, havia deixado pelo Nilson. Uma história complicada com toques de Pigmalião. Nilson quisera mudar a personalidade da pobre mulher, fazendo-a amante das letras, seguidora de conferências, ouvinte de concertos e, ainda por cima, morando em um pequeno quarto de hotel sem o luxo ao qual estava acostumada. Era demais, e só o pobre Nilson não podia compreender por que ela havia partido. Ela vinha de um mundo burguês e estava habituada a um alto padrão de vida. Abandonara o marido, embalada pelas conversas românticas de Nilson, e deu no que deu, caindo numa cilada armada pelo destino. Tive muita pena dos dois. Eu, tão jovem e inexperiente, podia ver logo a causa do problema. O pobre chegava a me contar toda essa história com lágrimas nos olhos. Estava ali perante mim o meu salvador, o meu mito, completamente desarmado, desfeito em dissabores como qualquer mortal. Fiquei desiludida. Mas afinal Nilson era tão humano como qualquer um de nós e podia errar sem se aperceber.

O meu mito estava ali, banhado pelas luzes do entardecer, na Acrópole, humilde, desfeito de tanta paixão.

Era assim a vida.

Senti-me muito importante em ser sua confidente.

Ali nascia uma grande amizade que durou muitos anos. O meu mito havia virado uma coisa muito melhor. Havia se tornado de carne e osso.

Quênia

Quênia

Há muitos anos morei no Quênia. O meu único e inesquecível paraíso. E hoje, quando quero relaxar, fecho meus olhos e vejo o avião da British Airlines chegando, planando, quase tocando nas árvores, e aqueles animais espantados correndo sob as nossas vistas: zebras misturadas com girafas, *wildebeest*, antílopes e tantos outros, no meio da savana, da vegetação baixa e rasteira. O meu contato com a África já era de paixão. Paixão à primeira vista.

Quando chegamos à residência e abriram-se aqueles portões, fiquei enfeitiçada. Precisava esquecer todos os meus ressentimentos e atravessar aquele portão, decidida a encontrar minha felicidade. A casa, um pequeno chalé perdido ao longe ficava entre árvores, gramados, e era emoldurada por uma enorme buganvília arroxeada.

Ao acordar, no dia seguinte, meu primeiro desejo foi ir até a varanda e olhar o parque. Os jacarandás ao longe, cobertos de flores, balançavam-se e tudo no parque já tinha vida; já existia uma certa intimidade entre nós. Já éramos amigos.

Morei durante dois anos nesse paraíso. Curti todos os momentos que vivi no Quênia. Um dia, quando fui dar o meu alô matinal ao parque, encontrei uma quantidade imensa de pássaros lindos, que dançavam de alegria, bem embaixo da buganvília. Chamei o jardineiro e fomos comprar alpiste para os novos visitantes. Queria alimentá-los para que não mais abandonassem o nosso parque. Benson, o jardineiro, obediente, acompanhou-me naquela missão, mas sabia, desde o início, que eles só estavam de passagem em seu caminho para a África do Sul. Era o período da migração. Fiquei bastante decepcionada quando dois dias depois não mais os encontrei.

Os meus jacarandás

Quando estava triste, ou precisava resolver algum problema, sentava na varanda de minha casa no Quênia e ficava admirando os meus jacarandás em flor balançarem seus galhos. Era tão lindo que só faltavam falar. Mesmo assim, mantínhamos um diálogo. Eles jogavam suas flores que cobriam a relva de tapetes arroxeados, e eu pensava em meus filhos que estavam tão longe, aflita por notícias. Depois de minha meditação, saía dali mais leve, pronta para enfrentar o dia. Não tinha sido nada fácil tomar aquela decisão de deixá-los no Brasil e seguir com meu marido em posto na África. Na minha casa, meu pai era a pessoa mais importante e minha mãe o colocava sempre em primeiro lugar — desde crianças fomos criadas dessa maneira. Para minha mãe, o meu lugar seria ao lado de meu marido. E os filhos, já grandes, estavam prontos para seguir a universidade e, afinal, moravam no Brasil ao lado de nossa família.

Teria eu agido certo? Não sei — uma pergunta que me faço até hoje. A natureza fazia-me companhia e também os meus jacarandás estavam ali, ao meu lado, para me protegerem.

Como estarão os meus jacarandás? Nunca mais tive notícia deles. Não gosto nem de pensar que outras pessoas conviveram com eles e os amaram mais do que eu. Ingenuamente, sentia-me dona daquele parque que nunca me pertencera, nunca fora meu — cheguei até um dia a cogitar que, quando eu morresse, minhas cinzas fossem jogadas ao redor dos meus jacarandás.

Quênia 2

Os empregados, no início, me deram um certo trabalho. James e Bonifácio trabalhavam na residência, Joseph na cozinha e Benson cuidava do parque. Todos de tribos diferentes. Não se contratavam empregados da mesma tribo, diziam que uns vigiavam os outros. Tudo muito estranho. Tinham por hábito não comer juntos, o medo de serem envenenados era grande. Ranços do colonialismo. Os ingleses instigavam as tribos umas contra as outras e só assim se sentiam protegidos. Os europeus fizeram um verdadeiro massacre quando dividiram a África. Danos causados até hoje.

O mais importante é que meus empregados eram extremamente simpáticos. Verdadeiras crianças. Fui obrigada a tratá-los com uma certa energia, mas sempre com carinho. Às vezes me sentia uma verdadeira sinhazinha lá do engenho Itapuá.

Quando cheguei, já no dia seguinte, tive de oferecer um jantar para brasileiros que estavam de passagem. O cozinheiro disse-me que sabia fazer muito bem "suflê de queijo, rosbife e creme de caramelo, no capricho". Quando estávamos todos sentados na sala de jantar e abriu-se a porta, despontou o suflê. Não se via nada no pirex, só mesmo uma crosta amarronzada. Um dos convidados, muito simpático, para me consolar, disse-me que adorava crosta de suflê. Eu não conseguia sentir-me culpada, nem encabulada; cinicamente desatei numa risada e expliquei aos meus convidados que esse era o nosso primeiro jantar na residência, que não conhecia ainda a aptidão dos empregados.

Fui obrigada a fazer uma reunião de serviço e, juntos, concordamos que eles teriam muito a aprender. Em breve estaria chegando o embaixador Paulo Carneiro com vários funcionários da Unesco para uma reunião em Nairóbi. Vi-me rodeada de livros de cozinha, receitas de minha mãe e, com muita boa vontade e mímica, consegui fazer de Joseph um bom cozinheiro. James e Bonifácio praticavam levando as travessas e bandejas carregadas de pedras para aprenderem a servir à francesa.

Quanta tolice se é obrigada a fazer. O importante é que eles se saíram muito bem. Paulo Carneiro, com a sua simpatia e encantado com a residência, deliciava-se com os rissoles de Joseph — mal sabendo ele, que eu havia despendido muita mímica e energia para ensinar a receita.

Out of Africa

Já não morava mais em Nairóbi quando lançaram o filme *Out of Africa*. Assistir a esse filme foi como estivesse revivendo os anos maravilhosos que passei no Quênia. Só fui tomar conhecimento da escritora que vivera em Nairóbi quando estava prestes a partir para Bucareste: a famosa Karen Blixen. Não quis saber de outra coisa. Curiosa, fui conhecer a casa da baronesa Blixen, hoje um pequeno museu no bairro de Karen — deram este nome ao bairro em sua homenagem. Era lá onde ficava sua fazenda de café. Fiquei emocionada ao penetrar no seu mundo, aquele ambiente tão bem descrito por ela no livro que acabara de ler.

Como foi possível eu, morando no Quênia, ter passado várias vezes por Karen sem saber de sua existência. Gostaria de guardar na lembrança para sempre aquele pedaço de natureza tão impregnada de amor que a escritora lhe dedicou. Sentei nos degraus da varanda imaginando "Tânia" com os seus empregados, aquelas tribos africanas que ela descreve no livro, dançando para homenageá-la, as dificuldades pelas quais passou, obrigando-a abandonar a Africa que tanto amou. A atmosfera era ainda a mesma. As árvores, o parque bem conservado, um verdadeiro santuário.

Voltei para casa. Fui reler o livro. Depois de ter conhecido o cenário, o ambiente que tinha vivido, tudo tinha um outro perfume, um outro prazer. Várias vezes fui visitar a casa de Karen Blixen — aquelas montanhas ao longe, azuladas, testemunhas presentes nas histórias passadas naquela casa.

Hoje, sinto saudades dos momentos inesquecíveis que passei na África. Adorava tomar o chá servido por Bonifácio todo de branco, muito orgulhoso do seu fez com um pompom balançando, nos jardins da residência, olhando aquelas árvores imensas, aqueles jacarandás que vieram do Brasil, que jogavam suas flores azuladas na relva. Era tudo tão tranquilo, tão natureza.

Independente dos ingleses, o Quênia engatinhava nas mãos de políticos corruptos que faziam muito pouco pelo povo. Apesar de ignoradas, as tribos desfilavam no dia da independência do Quênia com muito orgulho. Cobertas de toda pompa, vinham homenagear seu líder, o velho Keniata, que os admirava, por incrível que pareça, com os olhos de um velho colonialista.

Como eu podia estar tão ausente e tão pouco informada de uma outra África que agonizava ao meu lado, tudo que estava acontecendo no momento? As guerras vinham do desentendimento entre as tribos. Foi com essa intenção que colonizadores europeus dividiram seu território. Assim, saberiam tirar vantagens e manipular muito melhor seus interesses econômicos.

 Remorsos tenho hoje de só ter gozado desse lado pitoresco da África. Não posso esquecer da admiração que sentia pelos masais, tribo africana, que nunca se curvara a nenhum governo. Caminhavam com suas lanças nas costas, verdadeiros guerreiros, nômades, altivos, com gargantilhas de miçangas, enrolados em panos cor de terra, orgulhosos, senhores de suas terras, levando o gado para onde tivesse pasto.

 Karen os conheceu profundamente. Soube tratá-los de forma mais humana, exigindo e lutando pelos seus direitos junto ao governo colonial.

 Foi pelos olhos dessa mulher que passei a ver uma outra África.

SOBRE A AUTORA

Maria Christina Lins do Rego Veras nasceu em Alagoas e mora no Rio de Janeiro, mas sempre manteve ligações com suas raízes nordestinas. Filha do escritor paraibano José Lins do Rego (1901-1957), desde pequena acostumou-se à presença das letras e dos intelectuais à sua volta. Conviveu com grandes nomes da nossa literatura como Gilberto Freyre, Luís Jardim, Olívio Montenegro (seu padrinho) e Graciliano Ramos — esse último chegou a morar com a família Lins do Rego, ao deixar a prisão nos anos 1930.

Casada com o diplomata Carlos dos Santos Veras, morou em diversos países. Sua primeira produção artística aconteceu no campo das artes plásticas. Pintava modelos vivos e, posteriormente, a partir de sua estada em Bucareste, ícones populares e buquês ciganos em vidro.

Em 2003 decidiu escrever as lembranças da infância na praia Formosa, não apenas para resgatá-las, mas também para mostrar o Brasil do início do século XX a outras crianças, como Alice, uma menina de oito anos.

Mas confidencia, só tomou coragem de publicá-las depois de frequentar a Oficina Literária do professor Ivan Cavalcanti Proença, que a incentivou a lançar *Cartas para Alice: memórias de uma menina*, seu primeiro livro infantojuvenil, publicado pela editora José Olympio, em 2007.

Este livro foi impresso nas oficinas da
DISTRIBUIDORA RECORD DE SERVIÇOS DE IMPRENSA S.A.
Rua Argentina, 171 – Rio de Janeiro, RJ
para a
EDITORA JOSÉ OLYMPIO LTDA.
em agosto de 2010
*
78º aniversário desta Casa de livros, fundada em 29.11.1931